中华
经典通识

《山海经》通识

沈海波——著

中华书局

图书在版编目(CIP)数据

《山海经》通识/沈海波著. —北京:中华书局,2024.4
(中华经典通识)
ISBN 978-7-101-16522-7

Ⅰ.山…　Ⅱ.沈…　Ⅲ.《山海经》-研究　Ⅳ.K928.631

中国国家版本馆 CIP 数据核字(2024)第 027058 号

书　　　名	《山海经》通识
著　　　者	沈海波
丛　书　名	中华经典通识
主　　　编	陈引驰
丛书策划	贾雪飞
责任编辑	董洪波
封面设计	毛　淳
责任印制	管　斌
出版发行	中华书局
	(北京市丰台区太平桥西里38号　100073)
	http://www.zhbc.com.cn
	E-mail:zhbc@zhbc.com.cn
印　　　刷	天津裕同印刷有限公司
版　　　次	2024 年 4 月第 1 版
	2024 年 4 月第 1 次印刷
规　　　格	开本/880×1230 毫米　1/32
	印张 9⅜　字数 150 千字
印　　　数	1-8000 册
国际书号	ISBN 978-7-101-16522-7
定　　　价	62.00 元

编者的话

经典常读常新，一代有一代的思想，一代有一代的解读。"中华经典通识"系列丛书，邀请当今造诣精深的中青年学者，为读者朋友们讲授通识课。希望通过一本"小书"，轻松简明地讲透一部中华传统经典。

本系列丛书由复旦大学陈引驰教授主编，每本书的作者都是该领域的名家，他们既有深厚的学养，又长于深入浅出，融会贯通。每本书都选配了大量相关的图片，图文相生，能增强阅读的趣味性。

希望这套丛书，能成为人们了解中华传统文化的可靠津梁。

目　录

陶渊明何以"流观《山海图》" / 001

一
《山海经》题解

① "山海"释义 / 009

② 此"经"非彼"经" / 014

③ 《山海经》的归类争议 / 020

④ 地理志、博物志与风俗志的混合体 / 027

二
《山海经》的内容

① 地理 / 032

② 神话 / 036

③ 祭祀 / 043

④ 巫术巫医 / 049

⑤ 天文历法 / 061

三
《山海经》里的
神话与历史

① 钉灵国、犬戎与马人 / 067

② 天毒国 / 075

③ 女娲之肠与女娲七十变 / 083

④ 沃野与西方乐土 / 087

⑤ 《九歌》与旱祭之乐歌 / 096

四
《山海图》探源

① 《山经》与图的关系 / 122

② 《海经》与图的关系 / 125

③ 《山海图》管窥 / 128

④ 《山海图》的流传与亡佚 / 134

⑤ 历代的补绘 / 141

五
《山海经》的成书

① 《山海经》的作者 / 153

② 《山经》的时代 / 184

③ 《海经》的时代 / 194

六
《山海经》的版本

① 古本《山海经》的面貌 / 216

② 刘歆校书秘阁 / 234

③ 尤袤校刻《山海经》/ 236

④ 传世版本 / 240

七
《山海经》的
流传及影响

① 历代注疏 / 244

② 历代的影响 / 260

③ 海外的影响 / 277

后　记 / 287

陶渊明何以"流观《山海图》"

东晋大诗人陶渊明少年时就"游好在六经"（《饮酒》其十六），归隐田园后，躬耕陇亩，以读书求知为乐，他自述说："孟夏草木长，绕屋树扶疏。众鸟欣有托，吾亦爱吾庐。既耕亦且种，时还读我书。"（《读〈山海经〉》其一）陶渊明所读之书就包括了《山海经》，而且他对《山海经》情有独钟，特地创作了一组咏《山海经》的诗，即《读〈山海经〉》十三首。

陶渊明在《读〈山海经〉》中充分展现出了他的人格境界，他在第一首中写道：

> 穷巷隔深辙，颇回故人车。
>
> 欢然酌春酒，摘我园中蔬。
>
> 微雨从东来，好风与之俱。
>
> 泛览《周王传》，流观《山海图》。
>
> 俯仰终宇宙，不乐复何如。

（清）石涛《陶渊明诗意图》局部

诗人一边举杯畅饮，一边捧读《穆天子传》和《山海图》，感受到了神驰于宇宙天地间的快乐。所谓"宇宙"，根据《淮南子·齐俗训》的解释，就是"往古来今谓之宙，四方上下谓之宇"。也就是说，陶渊明将《山海经》视为汲取历史与地理知识的源泉。

孔子"发愤忘食，乐以忘忧"（《论语·述而》）；颜渊身处陋巷，哪怕"人不堪其忧"，但是他却能"不改其乐"（《论语·雍也》）。对于真正的文人而言，并不会在意物质的享受，也就是孔子所说的"食无求饱，居无求安"（《论语·学而》），所以才能达到安贫乐道的境界。陶渊明《癸卯岁十二月中作与从弟敬远》说："历览千载书，时时见遗烈。"他在求知问道的过程中，不断受到熏陶，感受前人的烈风与节操，所以其境界也能直追古人。陶渊明在《五柳先生传》中自述说："好读书，不求甚解，每有会意，便欣然忘食。"所谓"不求甚解"，指重义理而轻剖章析句。陶渊明"欣然忘食"，可以与孔子"发愤忘食"的境界相媲美。因此，陶渊明显然也是感受到了求知的乐趣，所以才会由衷感慨"不乐复何如"。

陶渊明在《读〈山海经〉》其五中写道：

> 翩翩三青鸟，毛色奇可怜。
>
> 朝为王母使，暮归三危山。
>
> 我欲因此鸟，具向王母言：
>
> 在世无所须，唯酒与长年。

三青鸟是专门为西王母取食的三只神鸟，根据《大荒西经》记载，一名大鹜（lí），一名小鹜，一名青鸟；《海内北经》说："西王母梯几而戴胜杖。其南有三青鸟，为西王母取食。"根据《大荒西经》的记载，西王母所处的地方，"其下有弱水之渊环之"，还有炎火之山，"投物辄然"。所谓"弱水"，连鸿毛都浮不起来，难以渡过。因此，这是常人所不能到达之处。陶渊明因为"恨不

青鸟

莫高窟第 249 窟，西魏

及周穆，托乘一来游"(《读〈山海经〉》其三)，所以只能希望通过
三青鸟向西王母进言。

所谓"唯酒与长年"，容易引起误解。陶渊明以嗜酒著称，
但他并非酒徒。陶渊明《饮酒》诗自序说："偶有名酒，无夕
不饮，顾影独尽，忽焉复醉。既醉之后，辄题数句自娱。"所
谓"忽焉复醉"，不是酩酊大醉，而是微醺，所以他"既醉之
后"，还能吟诗作赋。借酒助兴，乃成名篇。南朝梁昭明太子
萧统对陶渊明嗜酒的理解最为精到，他在为《陶渊明集》作

序时说："有疑陶渊明诗篇篇有酒，吾观其意不在酒，亦寄酒为迹者也。"也就是说，陶渊明是在借酒来表明心迹。陶渊明曾直白地说："此中有真意。"(《饮酒》其五）又说："悠悠迷所留，酒中有深味。"(《饮酒》其十四）所以，后人需要品出其中的"真意"与"深味"。

魏晋士人好长生之术，陶渊明所谓"长年"，似乎也是在追求长生不老。其实学者的人生目标是探求真理，所以不会以生死为虑，正如孔子所说"朝闻道，夕死可矣"(《论语·里仁》)。孔子重病时，子路准备向鬼神请求祈祷，但孔子却予以制止，表示"丘之祷久矣"(《论语·述而》)。陶渊明也是如此，同样看轻生死，临终前甚至"药剂弗尝，祷祀非恤"，所以颜延之赞其"视死如归，临凶若吉"(《陶征士诔》)。陶渊明在诗文中多次流露出希望长生的想法，显然也是另有所指。陶渊明《读〈山海经〉》其八说：

自古皆有没，何人得灵长？

不死复不老，万岁如平常。

赤泉给我饮，员丘足我粮。

方与三辰游，寿考岂渠央！

所谓"自古皆有没，何人得灵长"，已经表达了陶渊明对生死的坦然态度。赤泉和员丘都见于《博物志》，郭璞注《山海经·海外南经》"不死民"也沿袭了《博物志》的记载，说："有员丘山，上有不死树，食之乃寿；亦有赤泉，饮之不老。"所谓"三辰"，指日、月、星。"方与三辰游"与"俯仰终宇宙"之意相同。孔子学而不厌，"发愤忘食，乐以忘忧，不知老之将至"（《论语·述而》），但人生有涯而知则无涯，所以孔子曾有"逝者如斯夫"（《论语·子罕》）的感慨。因此，陶渊明所谓"寿考岂渠央"，也是因为他沉浸在求知的乐趣之中，所以感慨年寿有限而无法尽情享受求知的乐趣。

陶渊明在《读〈山海经〉》中也隐喻了他的政治理念，诗中咏叹道：

> 夸父诞宏志，乃与日竞走。
>
> 俱至虞渊下，似若无胜负。
>
> 神力既殊妙，倾河焉足有？
>
> 余迹寄邓林，功竟在身后。（其九）

精卫衔微木，将以填沧海。

刑天舞干戚，猛志固常在！

同物既无虑，化去不复悔。

徒设在昔心，良晨讵可待？（其十）

诗人此时归隐田园、躬耕自资，但是他早年"猛志逸四海"（《杂诗》其五）的豪情并未泯灭，对于夸父、精卫、刑天等故事的感慨，也体现出了他内心的豪情壮志。夸父、精卫、刑天都是神话传说中的悲剧人物，但他并不认为他们是失败者，反而认为"功竟在身后"。在帝王制度下，古代学者对于政治的黑暗大多只能无奈感慨，就连孔子也说："凤鸟不至，河不出图，吾已矣夫！"（《论语·子罕》）屈原在

精卫

《怪奇鸟兽图卷》，约绘制于日本江户时期，成城大学图书馆藏

《九歌·湘夫人》中期待与帝子（贤明君王）"偕逝"，但最终只能表示"时不可兮骤得，聊逍遥兮容与"。陶渊明所谓"良晨讵可待"，说明陶渊明认为天下大治不必等待圣主明君的出现，而是希望像夸父、精卫、刑天那样，知其不可为而仍要为之，哪怕身首异处也"不复悔"，因为良辰又岂是可以等来的？陶渊明的抗争意识在古代士人阶层中极为少见，值得后人珍视。

此外，陶渊明在他的名作《桃花源记》中所描绘的世外桃源，其灵感或许就是受到了《山海经》中所记载的乐土（如"沃之野"与"沃民"）的启发。

1. "山海" 释义

　　《山海经》之名何时出现，已经不可确考。先秦文献中未见称引，其名始见于汉代文献。清代学者毕沅认为，《山海经》之名是汉代学者将《山经》与《海经》合称的结果（《山海经新校正·南山经》"南山经之首"下注）。日本近代学者小川琢治进一步认为，《山海经》的名称起源于秦汉之间，最迟至西汉中期（《山海经考》）。民国学者何观洲说："《山海经》的名称究起于何时，不敢断言，总之先有《山经》，后合《海经》，而后有《山海经》之称，这是确凿无疑的。"（《〈山海经〉在科学上之批判及作者之时代考》）他们都认为《山海经》之名的出现，是因为此书合《山经》与《海经》之故。

　　这些学者的观点很具有代表性，说明人们往往因为《山海经》的结构，将"山海"理解为山与海，所以他们顺其自然地认为"山海经"这一书名，就是《山经》与《海经》合体的结果。然而，这其实是误解。

"山海"是泛称，指天下之山川。

《汉书·食货志》载大农奏盐铁丞孔仅、咸阳之言："山海，天地之臧，宜属少府……浮食奇民欲擅斡山海之货，以致富羡，役利细民。"可见，"山海"泛指天地四方。《史记·吴王濞列传》说："（吴王濞）能薄赋敛，使其众，以擅山海利。"所谓"山海利"指山川河泽湖海之物产，所以"山海"也可称作"山泽"，《礼记·曲礼下》说："问国君之富，数地以对，山泽之所出。""山泽之所出"即"山海利"。

《海经》分东、西、南、北诸经，记"四海"与"四荒"，而且每每出现"海外自西南陬至西北陬者""东海之外""西海之南""大荒之中"等语，然而所谓的"海"与"荒"都不是实指。古人认为大地的四周被海洋围绕，所以用"四海"或"四荒"来表示远方异域。《九歌·云中君》说："览冀州兮有余，横四海兮焉穷。""四海"也就是"四荒"，《离骚》说：

"忽反顾以游目兮，将往观乎四荒。"亦即"四极"，《离骚》说："览相观于四极兮，周流乎天余乃下。"明代学者李贽明确指出："四海"并非真正意义上的东南西北之海，而只是"据见在经历统理之地而纪其四至耳"（《焚书》卷四）。

《左传·僖公四年》记载的一则故事很能说明问题。齐桓公会盟诸侯讨伐楚国，在击溃蔡国军队后，兵锋直指楚地，楚成王于是派人对齐桓公说："君处北海，寡人处南海，唯是风马牛不相及也。"成语"风马牛不相及"即典出于此，意即两国相隔遥远，毫无相互征战的理由。可见，"海"通常用以形容遥远。这类例证在文献中俯拾皆是，如《诗经》说：

> 邦畿千里，维民所止，肇域彼四海。（《商颂·玄鸟》）
>
> 商邑翼翼，四方之极。（《商颂·殷武》）

殷商疆域千里，其势力范围仅局限于中原地区，但他们却宣称自己的疆界已经到达了"四海"或"四方之极"，应是合诸侯之地而言。显然，"四海"和"四方之极"都属于夸张的形容。正如清代学者崔德皋指出：四海非真以海为界，"四海云者，极言之也。"(《讷庵笔谈·书经辨说》)。

《海经》中又有《海外经》和《海内经》之分，但所谓的"海外"与"海内"只是一种模糊的分野，相当于域外（海外）和域内（海内）。《诗经·商颂·长发》说：

> 相土烈烈，海外有截。

这是赞美殷商始祖阏伯（契）之孙相土的诗句，意即相土的功名已经远播于海外了。但如前所说，商朝的疆域范围并不大，它在先公时代更只是一个小国。因此，我们只需稍加分析即可知道，这里的"海外"指的应是其原先统治区域以外的地方。《吕氏春秋·审分览·审分》说："清静以公，神通乎六合，德耀乎海外。"这里所说的"海外"同样是泛指边远之地。因此，古人所谓"海外"的语义，与现代人所常用的概念是有所区别的。

"海外"也就是"海上"，《汉书·郊祀志》说："于是始皇遂东游海上。"又说：武帝"宿留海上"。这里的"海上"自然不是指大海之上，而是指燕齐一带的近海地区。所以《汉

书·郊祀志》又说："海上燕齐之间。"并且，《海经》中海外
诸篇每每说及夏后启、轩辕之国、祝融等，无疑都是本土神话，
当然不可能是在异域。这些都可以证明，海内、海外并非实指
内陆与远洋。

《海外经》和《海内经》均分为东、西、南、北四部分，
体现的是古人"四海"的概念。《大荒经》也分东、西、南、北
四部分，"四荒"的概念与"四海"相同。《尔雅·释地》说：

九夷、八狄、七戎、六蛮谓之四海。

觚竹、北户、西王母、日下谓之四荒。

郑玄注解《周礼·地官·调人》时也说：

九夷、八蛮、六戎、五狄谓之四海。

可见，"四海"与"四荒"都是指蛮荒僻远之地。贾谊《过
秦论》说："（秦孝公）有席卷天下，包举宇内，囊括四海之
意，并吞八荒之心。""八荒"与"四荒"义近，他所说的"四

海""八荒"，其义引申为天下。

夏商时期有所谓"五服"，就是将四海之内的土地分为五等。根据《尚书·禹贡》的记载，距离王城较近者依次分别为甸服、侯服、绥服，较远者分别为要服和荒服，前者属于诸夏地区或夷夏之交，后者则属于蛮夷地区。畿服制度至周代衍变为"九畿"，或称"九服"。根据《周礼·夏官·大司马》的记载，最为中心的地区为国畿，每向外五百里，各划分一个等级，依次分为侯畿、甸畿、男畿、采畿、卫畿、蛮畿、夷畿、镇畿、蕃畿。很显然，"九畿"制度的出现与周王朝势力范围的扩大有关。不过无论如何演变，畿服制度的目的都是区分远近以及夷夏。

《山海经》所谓"海内""海外"（或"大荒"）同样是为了区分远近，"海内"指诸夏地区，而"海外"（"大荒"）则指蛮荒地区，义同《尔雅》所说的"四海"或"四荒"。

2. 此"经"非彼"经"

"经"，一般都是被后人奉为经典者，如儒家有十三经，墨家有《墨经》，道家有《道德经》(《老子》) 和《南华经》(《庄子》)；又如屈原的《离骚》，因为冠绝千古，也被尊为《离骚经》。

《山海经》之所以名为"经"，并非经典之谓，而是原本的书名。《荀子·劝学》说：

> 其数则始乎诵经，终乎读礼。

"经"与"礼"相对称，说明先秦时期"经"只是泛指书籍。直至汉代，学者们才将一些具有典范意义的著作称为"经"。而《山海经》的内容向来以怪诞著称，说明《山海经》之名为"经"，是其固有之名，并非如《诗》《书》等因为汉人尊作典范的缘故而被称为"经"。《孟子·尽心上》说："经德不回。"赵岐注释说："经，行也。"

因此，《山海经》之"经"应是经历的意思。清代学者章学诚对此有过简洁的解释，他说：

> 地界言经，取经纪之意也。是以地理之书，多以经名，《汉志》有《山海经》，《隋志》乃有《水经》，后代州郡地理，

多称图经，义皆本于经界。(《文史通义》卷一)

　　所谓"经纪"意即通行游历，《淮南子·原道训》说："经纪山川，蹈腾昆仑。"高诱注释说："经，行也；纪，通也。"

　　《山经》所载山川河流毕竟无法凭空杜撰，必须以亲身经历之见闻为依据，这一点在《山经》中也可以找到明确的证据：

　　右南经之山志，大小凡四十山，万六千三百八十里。(《南山经》)

　　右西经之山，凡七十七山，一万七千五百一十七里。(《西山经》)

　　右北经之山志，凡八十七山，二万三千二百三十里。(《北山经》)

　　右东经之山志，凡四十六山，万八千八百六十里。(《东山经》)

　　右中经之山志，大凡百九十七山，二万一千三百七十一里。(《中山经》)

（南宋）赵伯驹《禹王治水图》局部

所谓"南经""西经""北经""东经""中经"云云者，意指南方、西方、北方、东方、中央之经历。由此可见，《山经》的作者也确实是以亲身经历的口吻来记录各地的山川。因此，所谓"山海经"，意指天下之经历。

上古时期，遍历九州殊属不易，尤其是个人，很难完成这项壮举，这或许就是《山海经》托名大禹的缘故，因为在大禹治水的传说中，大禹曾经遍历九州。学者江绍原在《中国古代旅行之研究》中认为《山海经》是古代旅行家的指南，这种说法略有不妥，上古时代显然还没有所谓"指南"的概念。不过，可以肯定《山经》确实凝聚了古代旅行家的心血，书中有很多内容可以证明。《北次三经》说：

> 又北山行五百里，水行五百里，至于饶山。

所谓"山行"就是通过山路旅行，北方多山地，所以旅行家不可避免要翻山越岭，穿行于山地间。所谓"水行"就是通过水路旅行。古代交通以水路最为便捷，所以借助水路在《山经》中也很常见，兹略引数则如下：

> 西水行四百里，曰流沙。(《西次三经》)
>
> 西水行百里，至于翼望之山。(《西次三经》)
>
> 又北水行五百里，流沙三百里，至于洹山。(《北次二经》)
>
> 又北水行五百里，至于雁门之山。(《北次三经》)
>
> 又北水行四百里，至于泰泽。(《北次三经》)

中国东部地区河流较多，水路交通也较为发达，所以《东山经》中"水行"的记载最多，兹以《东次三经》为例，摘引其梗概如下：

> 又《东次三经》之首，曰尸胡之山……又南水行八百里，曰岐山……又南水行五百里，曰诸钩之山……又南水行七百里，曰中父之山……又东水行千里，曰胡射之山……又南水行七百里，曰孟子之山……又南水行五百里，曰流沙。行五百里，有山焉，曰跂踵之山……又南水行九百里，曰踇隅之山……又南水行五百里，流沙三百里，至于无皋之山……

其交通几乎都是水行，只有在流沙和跂踵之山之间是"行五百里"。所谓"行"有别于"山行"和"水行"，应指在平原旅行，因为东部地区以平原为主。

《山经》又名《五藏山经》，之所以冠以"五藏"之名，是因为《山经》之末说："天下名山经五千三百七十山，六万四千五十六里，居地也，言其五藏（臧）。""五藏"原指人体之五脏，《山经》分五部分记载山川——东、西、南、北、中，所以作者用"五藏"借指五方。

至于《海经》，原本应名《山海图》，现存《海经》其实是《山海图》的文字说明。大约西汉中期以后，《山海图》亡佚，仅残存文字。刘歆校理典籍时，将这部分文字命名为《海经》，与《山经》合为《山海经》。

目前，还有少数学者坚持认为"经"字应该理解为经典，比如意大利学者里卡多·弗拉卡索（Riccardo Fracasso）。这些学者显然忽略了一个简单的事实，也就是《山海经》在西汉时期被学者视为不经之谈。所以《山海经》之"经"，必然不是作为经典的尊称。

3.《山海经》的归类争议

（1）为何归入形法家？

历代学者对《山海经》一书的性质产生过不同的见解。司马迁曾经对《山海经》作出过评价，他说：

故言九州山川，《尚书》近之矣。至《禹本纪》《山海经》

所有怪物，余不敢言之也。（《史记·大宛列传》）

这里所说的《尚书》，是指《禹贡》。虽然司马迁对《山海经》的记载存有疑问，但从中可以知道他是将《山海经》视为地理类著作。不过，司马迁所说的《山海经》，有可能只是就《山经》而言，因为班固在《汉书·李广利传》的赞中说：

故言九州山川，《尚书》近之矣。至《禹本纪》《山经》所有，放哉！

班固著《汉书》时往往有抄撮《史记》之处，他的这段话很明显是转录自司马迁，但将《山海经》改成了《山经》。这或许说明，司马迁所谓的《山海经》实际上是指现今的《山经》。此外，王充《论衡·谈天篇》引《史记·大宛列传》也作"《山经》"，并说："案太史公之言，《山经》《禹纪》，虚妄之言。"这也可证明司马迁所说应为《山经》。

但是西汉末的刘歆（后改名秀，刘向子）在整理《山海经》后，对其性质有了不同的看法，他在《上〈山海经〉表》中说：

　　孝武皇帝时尝有献异鸟者，食之百物，所不肯食。东方朔见之，言其鸟名，又言其所当食，如朔言。问朔何以知之，即《山海经》所出也。孝宣帝时，击磻石于上郡，陷得石室，其中有反缚盗械人。时臣秀父向为谏议大夫，言此贰负之臣也。诏问何以知之，亦以《山海经》对……上大惊。朝士由是多奇《山海经》者，文学大儒皆读学，以为奇可以考祯祥变怪之物，见远国异人之谣俗。

贰负之臣

（清）吴任臣《山海经广注》。图中呈现出一位双手反缚者的形象，故而刘歆将其与反缚盗械人联系起来。

　　刘歆所说的这两件事当然都纯属附会，但我们却由此可以知道，刘歆认为《山海经》是可以"考祯祥变怪之物"的。因此之故，《山海经》在《汉书·艺文志》中被列入数术略中的形法家（《汉书·艺文志》是根据刘歆《七略》删削节录而成）。所谓"形法"，根据《汉书·艺文志》的解释，就是"大举

九州之势以立城郭室舍形、人及六畜骨法之度数、器物之形容
以求其声气贵贱凶吉"。简而言之，形法是关于堪舆、骨相等
方面的方术。著录于形法家的还有另外五部著作，分别是《国
朝》《宫宅地形》《相人》《相宝剑刀》《相六畜》，由此可见，
刘歆将《山海经》视为相书。

刘歆将《山海经》归入形法家的做法受到后世的非议，如
明代学者焦竑认为：《汉·艺文志》，《山海经》入形法，非，
改地理。"（《国史经籍志·纠缪》）清代章学诚认为《汉书·艺文
志》的分类有"授人口实处"，他说：

地理则形家之言，专门立说，所谓道也。《汉志》所录
《山海经》之属，附条别次，所谓器也。以此二类，专门部勒，
自有经纬，而尹咸概收术数之篇，则条理不审之咎也。（《文史
通义》附《校雠通义》卷二"补校汉艺文志"）

他自注说："《山海经》与相人书为类，《汉志》之授人口实处
也。"当然，章学诚也为刘歆进行了辩护，认为当时因为没有
地理的分类，所以"强著之形法也"（《文史通义》附《校雠通

午炎謂火之光始燄燄也言人之所忌其氣燄引致
於炎也顆瑕也失常謂反五常之德也炎讀與燄同

故曰德

桑穀共生大戊以
然惑者不替

勝不祥義厭不惠
師古曰厭音伊
蘗反惠順也

興雛雉登鼎武丁為宗
師古曰談在
郊祀五行志

諸躬而忌訊之見
師古曰晉
考也訓也
是以詩刺召彼故老訊

師古曰小雅
正月之詩也故老元老也訊問也
之占夢言不能修德以禳次伹問元老以古世夢之吉凶
傷其

舍本而憂末不能勝凶咎也

山海經十三篇國朝七卷宮宅地形二十卷相人

二十四卷相寶劍刀二十卷相六畜三十八卷

右形法六家百二十二卷

形法者大舉九州之執以立城郭室舍形人及六

义》卷三"汉志数术")。

根据《后汉书·王景列传》记载，汉明帝派王景治河，并特地赐其《山海经》《河渠书》《禹贡图》。可见，东汉时期《山海经》在地理方面的功用是得到认可的。东汉学者王充对《山海经》也有过评价，他说：

案禹之《山经》、淮南之《地形》，以察邹子之书，虚妄之言也。(《论衡·谈天篇》)

禹主治水，益主记异物，海外山表，无远不至，以所闻见，作《山海经》。(《论衡·别通篇》)

王充似乎将《五藏山经》和《海经》进行了区别，他将《山经》视为地理著作，而将《海经》视为风俗志或异物志。此后，赵晔也有类似的看法，他说：

(禹)行到名山大泽，召其神而问之山川脉理、金玉所有、鸟兽昆虫之类，及八方之民俗、殊国异域、土地里数，使益疏而记之，故名之曰《山海经》。(《吴越春秋·越王无余外传》)

赵晔认为《山海经》所载是"山川脉理"和"八方之民俗"，说明他将《山海经》视为地理志与风俗志的混合体。

（2）中国古代小说的源头？

由于刘歆的分类存有瑕疵，历代著录大多不采用他的观点，而是倾向于将《山海经》视为地理著作。如南朝学者陆澄著《地理书》一百四十九卷，《隋书·经籍志》有著录，指出是"合《山海经》已来一百六十家，以为此书"。唐宋学者也是如此。所以《隋书·经籍志》《旧唐书·经籍志》《新唐书·艺文志》都将《山海经》归入史部地理类。南宋藏书家晁公武《郡斋读书志》及陈振孙《直斋书录解题》也是如此。只有元代学者采纳了刘歆的观点，所以《宋史·艺文志》将《山海经》列入子部五行类。

胡应麟以为《山海经》是"古今语怪之祖"（《少室山房笔丛·四部正讹》），清代学者或许因此受到了影响，所以修《四库全书》时，四库馆臣将《山海经》改隶子部小说家。四库馆臣说：

书中序述山水，多参以神怪，故《道藏》收入太玄部竞字号中。究其本旨，实非黄老之言。然道里山川，率难考据，案

以耳目所及，百不一真。诸家并以为地理书之冠，亦为未允。核实定名，实则小说之最古者耳。(《四库全书总目提要》)

四库馆臣将《山海经》归入小说家的论据极为薄弱，仅仅因为其中所载山川地理难以考据，而且大多与如今之山川地理不相吻合。其实先秦的记载欠缺精密性，这是情有可原的。

因为四库馆臣将《山海经》归入小说家的缘故，当代学者受到影响，很多关于中国小说史的专著或论文都会涉及《山海经》，俨然将其视为中国古代小说的源头。其实，这应该是误会了。根据《汉书·艺文志》的定义，所谓"小说"是"出于稗官，街谈巷语、道听途说者之所造也"。也就是说，"小说"是不可靠、不入流的野史或杂说。因此，古人所谓的"小说"与现代意义上作为文学创作体裁的小说，完全是不同的概念。

4. 地理志、博物志与风俗志的混合体

近代以来有学者对《山海经》的性质有过较多的分析，比

较倾向于认为它具有巫书的性质。如鲁迅以为《山海经》"所载祠神之物多用糈（精米），与巫术合，盖古之巫书也"（《中国小说史略》）。顾颉刚也有近似的看法，以为"这是一部巫书性的地理书"（《〈山海经〉中的昆仑区》）。

不过，由于《山海经》的内容牵涉较广，学者们对其性质还是存在着一定的困惑。如茅盾说："这是一部包含神话最多的书，但形式上又极像地理书。"（《神话研究·中国神话研究初探》）其实，《山海经》原本是由《山经》和《海经》合而为一的著作（详后），所以只要对这两部分内容加以区分，就不难得出一个比较清晰的认识。

首先分析《五藏山经》。《五藏山经·中山经》篇末说：

天下名山，经五千三百七十山……此天地之所分壤树谷也……封于太山，禅于梁父，七十二家，得失之数，皆在此内，是谓国用。

这段话点明了《五藏山经》的创作意图，就是要让人们了解天下山川所出的财用。因此，《五藏山经》的性质显然并非纯粹的地理志，而是在记载山川地理的同时，详备各地的风俗与物产，类似于地理志、博物志与风俗志的混合体。

如前文所及，江绍原曾经认为《山海经》是一部旅行指南书，他分析说：

> 然以经之内容而论，它决不失为一部有系统的山川记；它也许是某几个人所编成，但他们所编的与其说是几个特出人物的想像之谈或实际经验，必不如说是不止一个地方一个时代之口头相传的或借文字图画而表现的地理知识和游历经验。想像和神怪的分子的确很重，经验和事实的分子却不能说无。它的确志"怪"——怪的动植物，怪人，怪神，但这一切的怪各有确定的山河为其生活场所。本经而且似乎是备人实地使用而以山为本的地理书和旅行指南，不是眩奇眩博，聊供人做谈笑之资的"小说"。(《中国古代旅行之研究》)

所谓"旅行指南"的结论虽有所偏颇，但他的分析也有一定的道理，《山海经》确实包含了"不止一个地方一个时代之口头相传的或借文字图画而表现的地理知识和游历经验"。问题是这种地理知识从何而来？在古代特殊的条件下，它所包含的地理知识是由哪些人所掌握的？

根据《周礼》记载，周王朝有"小史"之职，"掌邦国之志"；又有"外史"之职，"掌书外令，掌四方之志，掌三皇五帝之书"。"小史"和"外史"是周王朝掌管邦国内外远近情况的总职。此外，还有专门掌四方山川道路的分职。《周礼》说：

怀方氏，掌来远方之民，致方贡，致远物而送逆之。（《夏官·怀方氏》）

合方氏，掌达天下之道路，通其财利。（《夏官·合方氏》）

训方氏，掌道四方之政事，与其上下之志，诵四方之传道。正岁，则布而训四方，而观新物。（《夏官·训方氏》）

形方氏，掌制邦国之地域，而正其封疆，无有华离之地。使小国事大国，大国比小国。（《夏官·形方氏》）

山师，掌山林之名，辨其物与其利害，而颁之于邦国，使致其珍异之物。（《夏官·山师》）

　　川师，掌川泽之名，辨其物与其利害，而颁之于邦国，使致其珍异之物。(《夏官·川师》)

　　邅师，掌四方之地名，辨其丘陵、坟衍、原隰（xí）之名，物之可以封邑者。(《夏官·邅师》)

周王朝的职官非常分明，所以周时能将天下山川的形势及物产详细地绘于地图之上。《周礼·地官·大司徒》就说："以天下土地之图，周知九州之地域广轮之数，辨其山林、川泽、丘陵、坟衍、原隰之名物。"可见，古代的地理知识为中央政权所掌握。

　　只有中央政权所掌握的天下地理物产等资料，才能成为《五藏山经》创作的基础。从战国时期的情况分析，周王朝的祭器图籍等均落入秦人之手，所以《五藏山经》为秦国人所作的可能性较大。

　　至于《海经》，其主要内容较为单一，以远近方国为经纬，记叙神话人物及传说故事。因此，其性质类似于方志或异域志。

二 《山海经》的内容

　　《山海经》向来以怪诞著称，它的篇幅并不长，有三万多字，内容却包罗万象，从山川地理、植物、医药、矿产，到神话、人物、方国、巫术、祭祀、风俗，堪称研究上古中国社会历史的宝库，这也是世人将其视为奇书的主要原因。兹从地理、神话、祭祀、巫术巫医、天文历法五个方面进行介绍。

1. 地理

　　《山海经》中关于山川地理的内容最为丰富，尤其是《山经》，所载山川反映了先秦时期人们对天下的认知，所以《山经》最后归纳全篇说："大凡天下名山五千三百七十，居地大凡六万四千五十六里。"当然，先秦时期人们对天下的认知范围还是有所局限的，所以谭其骧指出："《山经》的地域虽然比《禹贡》大，但比现今中国的版图小得多。四边都到不了现今的国界，当然不可能象吴承志所说那样超越国界到达了朝鲜、日本、苏联、蒙古、阿富汗等邻国，更不可能象维宁（Edward Vining）所说那样到达了北美洲、中美洲。"（《论〈五藏山经〉的地域范围》）

根据谭其骧的研究，《南山经》东起今天的浙江舟山（漆吴山），西抵湖南沅水下游（柜山），南抵广东南海；《西山经》东起山西与陕西间的黄河，南抵陕甘秦岭山脉，北抵宁夏盐池西北（申首山）至陕西榆林东北（号山）一线，西南抵甘肃鸟鼠山以及青海青海湖（西海）、倒淌河（凄水），西北可能抵达新疆阿尔金山（翼望山）；《北山经》西起内蒙古腾格里沙漠，东抵河北中部，南抵山西中条山，北抵内蒙古阴山以北；《东山经》西起山东泰山，东抵成山角，北抵长山岛，南抵安徽濉河；《中山经》则大致覆盖现在的晋南、豫西、鄂西、湘北、赣北、四川盆地西北及四川东部。

《山经》的作者是以自居天下之中的视角来审视地理的，这可以从《山经》的内容中找到证据。检视作者的旅行路线，

《西山经》是自东向西,《北山经》是自南向北,这说明旅行者都是从中原出发,向西或向北进行旅行;《南山经》则是自西向东,而《东山经》则是自北向南,这应该是因东部与南部地区临海,所以旅行者选择沿着与海岸线平行的方向进行旅行。

作者在中部地区的旅行路线颇为有趣,《中山经之首》自西向东;《中次二经》由东折返,向西旅行;《中次三经》由西折返,向东旅行;《中次四经》由东折返,向西旅行;《中次五经》由西折返,向东旅行;《中次六经》再次折返,自东向西旅行;《中次七经》再次折返,自西向东旅行;《中次八经》及《中次九经》不再折返,均是由西向东旅行;《中次十经》再次由东折返,向西旅行;《中次十一经》由西折返,向东旅行;《中次十二经》不再折返,仍然由西向东旅行。由上述所列旅行次序可知,中部地区的旅行路线,大多是按照东西方向次第往来折返,以进行旅行考察,这说明旅行者至少会完成一次往返的旅程;每一次折返,其旅行的路线都向南移动;少数没有进行折返的路线,都是由西向东旅行。以上情况或许说明,中部地区的旅行者是由建立在西部地区的王朝所派遣,有可能是西周王朝，也有可能是秦王朝（或秦国）。

有人认为《山经》中以某某"次经"的方式来叙述山川，是因为当时已经初步具备了山脉的概念。《山经》中确实有若干次经与山脉的走向相吻合，比如《北次二经》说："《北次二经》之首在河之东，其首枕汾，其名曰管涔（cén）之山。"以下十五山基本都处于"又北"的位置，而管涔山确实是南北走向。又如《北次三经》说："《北次三经》之首，曰太行之山，其首曰归山……又东北二百里，曰龙侯之山……又东北二百里，曰马成之山……又东北七十里，曰咸山……又东北二百里，曰天池之山……又东三百里，曰阳山……又东三百五十里，曰贲闻之山……又北百里，曰王屋之山……又东北三百里，曰教山……"太行山呈南北走向，由南向北略向东北方向倾斜，与《北次三经》所述基本一致。但以上应该只是旅行者的行程与山脉走向恰好相同而已，并不能因此而断定先民们已有山脉的概念。以《山经》中篇幅最多的《中山经》为例，所有十二个"次经"都是以东西方向来叙述山川，但众所周知的是，中国中部地区的山脉只有秦岭是东西走向。因此，《中山经》以东西方向来记载山川，根据的是旅行方向，而非山脉走向。

2. 神话

《山海经》最为人所瞩目的内容，无疑是其中的神话。中国上古神话因文献缺失，至今已难得其详，所幸《山海经》中尚保存有较为丰富的神话内容，因此现代学者袁珂誉之为"神话之渊府"（《山海经校注序》）。

司马迁著《史记》时虽然对神话传说采取了谨慎的态度，但上古时期的历史缺乏文献记载，所以他还是采用了若干神话的内容，如《五帝本纪》说："（黄帝）教熊罴貔貅䝙虎，以与炎帝战于阪泉之野。"这一记载当然是来自传说，不过却与上古时期的状况相吻合，因为先民们驯服驱使野兽的情况极为常见。《山海经》中有所谓"使四鸟"的记载，如：

有芳国，黍食，使四鸟：虎、豹、熊、罴。（《大荒东经》）

有中容之国……食兽、木实，使四鸟：豹、虎、熊、罴。（《大荒东经》）

有司幽之国……食黍食兽，是使四鸟。(《大荒东经》)

有白民之国……黍食，使四鸟：虎、豹、熊、罴。(《大荒东经》)

有人三身……姚姓，黍食，使四鸟。(《大荒南经》)

西北海之外，赤水之西，有先民之国，食谷，使四鸟。(《大荒西经》)

有叔歜(chù)国。颛顼之子，黍食，使四鸟：虎、豹、熊、罴。(《大荒北经》)

有毛民之国，依姓，食黍，使四鸟。(《大荒北经》)

所谓"使四鸟"，清代学者郝懿行解释说："经言皆兽，而云'使四鸟'者，鸟兽通名耳。'使'者，谓能驯扰役使之也。"(《山海经笺疏》)

《山海经》中有诸多为世人所津津乐道的神话故事，比如精卫填海、夸父逐日、大禹治水等，其故事内容均有寓意之所在。兹先以妇孺皆知的夸父逐日为例略作分析。《山海经·海外北经》说：

　　夸父与日逐走，入日，渴欲得饮。饮于河、渭，河、渭不足。北饮大泽，未至，道渴而死，弃其杖，化为邓林。

夸父

清彩绘本《山海经图》，台北"故宫博物院"藏

夸父其实是中国古代神话中的巨人。"夸"，就是大的意思，《广雅·释诂》说："夸，大也。"而"父"则是古代男子的通称，因此，夸父的字面意思就是大人。北方有大人国，如《海外北经》有"博父国"，"其为人大，右手操青蛇，左手操黄蛇"，而且夸父死后所化之邓林就在其东面。"博"也是大的意思，博父国显然就是大人国。夸父逐日的神话又见于《大荒北经》，内容更为丰富：

　　大荒之中有山，名曰成都载天。有人珥两黄蛇、把两黄蛇，名曰夸父。后土生信，信生夸父。夸父不量力，欲追日景，逮之于禺谷。将饮河而不足也，将走大泽，未至，死于此。应龙已杀蚩尤，又杀夸父，乃去南方处之，故南方多雨。

　　夸父既死于逐日，又为应龙所杀，说明在神话中，巨人并非只有一人，而是一个群体，故有博父国，也就是《大荒北经》的"大人之国"（大人国还见于《海外东经》《大荒东经》）。此外，《大荒东经》又有"大人之市"，名曰"大人之堂"。先秦时期有关巨人的传说内容较为丰富，根据《史记·周本纪》的记载，周的始祖后稷之母姜嫄就是踩到了巨人的足迹后怀孕的；又如根据《国语·鲁语下》的记载，防风氏被大禹诛杀后，"其骨节专车"。

　　再看大禹治水的神话。《海内经》说：

　　洪水滔天，鲧窃帝之息壤以堙洪水，不待帝命。帝令祝融杀鲧于羽郊。鲧复生禹，帝乃命禹卒布土，以定九州。

　　鲧为了治水，不惜窃取上帝的息壤，因此而殒命，其性质与古希腊神话中普罗米修斯盗火的情节颇为相似；而大禹的降世也极富传奇色彩，竟然是鲧死后从其腹中出生。所以屈原《天问》提出疑问："永遏在羽山，夫何三年不施？伯禹愎鲧，夫何以变化？"屈原的目的是抒愤，所以对上古神话逐一提出质疑。从研究神话的角度出发，对神话的真实性自然不必太过较真，因为神话原本就是叙述上古传奇的。

学者对《山海经》中的神话内容常有不同的解读。不过，经过历代学者的努力，有些问题还是能够得到厘清的。如《山海经·中次十二经》记载了帝之二女的神话故事：

> 又东南一百二十里，曰洞庭之山……帝之二女居之，是常游于江渊。澧、沅之风，交潇、湘之渊，是在九江之间，出入必以飘风暴雨。

学者对帝之二女的身份，曾经有过歧见。根据《史记·秦始皇本纪》记载，秦始皇巡行天下时浮江至湘山，遭遇大风，于是询问博士：湘君是什么身份的神？博士回答说，听说是尧的女儿，舜的妻子，死后落葬于此。博士所谓的听说，表明这种说法是得自民间传说。这种传说为诸多学者所采纳，如刘向《列女传》、郑玄《礼记注》、王逸《楚辞章句》等。不过东晋学者郭璞对此提出了异议，他认为江、湘有夫人，如同河、洛有宓妃，而且《九歌·湘夫人》很明确说是"帝子"，表明湘夫人就是天帝之女，传说中将其视为尧的女儿，属于附会。郭璞的考证很严谨，虽然也有学者不同意他的看法，但清代学者郝懿行认为"郭氏此言殆无可议尔"（《山海经笺疏》）。

神二女

（清）汪绂《山海经存》

《诗经·魏风·硕鼠》中有所谓乐土，诗中说："逝将去女，适彼乐土。乐土乐土，爰得我所。"又说："逝将去女，适彼乐国。"又说："逝将去女，适彼乐郊。"乐土、乐国、乐郊是古人对美好

世界的憧憬,《山海经》中保存了古人对这一美好世界的具体描述。《海外西经》说:

> 此诸夭之野,鸾鸟自歌,凤鸟自舞。凤皇卵,民食之;甘露,民饮之,所欲自从也。百兽相与群居。在四蛇北。其人两手操卵食之,两鸟居前导之。

古代以农业为主,所以乐土被视为沃野。夭(沃)之野又称为沃之国,其人称为沃民。《大荒西经》说:

> 有沃之国,沃民是处。沃之野,凤鸟之卵是食,甘露是饮。凡其所欲,其味尽存。爰有甘华、甘柤、白柳、视肉、三骓、璇瑰、瑶碧、白木、琅玕、白丹、青丹,多银、铁。鸾凤自歌,凤鸟自舞,爰有百兽,相群是处,是谓沃之野。

沃野又称为都广之野,《海内经》说:

> 西南黑水之间,有都广之野,后稷葬焉。爰有膏菽、膏稻、膏黍、膏稷,百谷自生,冬夏播琴。鸾鸟自歌,凤鸟自

僛，灵寿实华，草木所聚。爰有百兽，相群爰处。此草也，冬夏不死。

后稷既是周的始祖，又是传说中的农神，所以人们把他的落葬之地视为乐土，不但"百谷自生""鸾鸟自歌，凤鸟自僛"，就连百兽也能和谐相处。

《山海经》所记载的神话传说非常丰富，而神话又是引发遐想的源泉，这或许就是当代《山海经》研究渐成热潮的原因。

3. 祭祀

《山经》中记载着各地丰富的祭祀风俗，尤其是每一个"次经"的末尾都会对祭祀风俗加以介绍，这些内容可以分为祭祀仪式与偶像崇拜两部分。

首先，关于上古祭祀仪式，略举数例如下。

其一，《南山经之首》说：

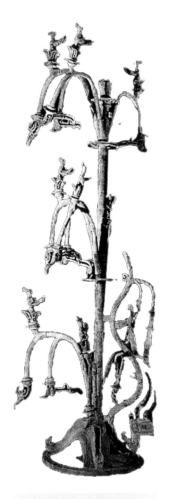

青铜神树

1986 年于三星堆二号
祭祀坑出土

凡鹊山之首，自招摇之山以至箕尾之山，凡十山，二千九百五十里。其神状皆鸟身而龙首。其祠之礼：毛用一璋玉瘗（yì），糈（xǔ）用稌（tú）米，一璧，稻米，白菅（jiān）为席。

所谓"毛"，指动物的皮毛；所谓"瘗"，就是将祭品埋入祭坑，这是上古时期通行的祭祀习俗，近年来为国人所瞩目的三星堆文物就出土于古蜀国的祭祀坑中；所谓"璋玉"，是用以祭祀的玉器，形状是半个圭（圭的形状是上锐下方），上古时期的南方地区盛行玉器，现代出土的大量良渚玉器也都是出自祭祀坑；所谓"糈"，是祀神用米的名称。南方是稻作农业，所以祀神用稌米。所谓"白菅为席"，就是用白色的茅草编成席子，在祭品放入祭祀坑时垫在坑底。

其二，《西次三经》说：

凡西次三经之首，崇吾之山至于翼望之山，凡二十三山，六千七百四十四里。其神状皆羊身人面。其祠之礼，用一吉玉瘗，糈用稷米。

北方属于粟作农业，所以祭祀用的是稷米。

其三，《西山经之首》说：

凡西经之首，自钱来之山至于騩（guī）山，凡十九山，二千九百五十七里。华山，冢也，其祠之礼：太牢。羭（yú）山，神也，祠之用烛，斋百日以百牺，瘗用百瑜，汤其酒百樽，婴以百珪、百璧。其余十七山之属，皆毛牷，用一羊祠之。烛者，百草之未灰，白席采等纯之。

这里涉及的祭祀礼仪内容更为丰富。所谓"冢"，并非坟冢，而是指地位高，所以《尔雅·释诂》说"冢，大也"；"冢"的等级高于"神"，所以华山与羭山的祭祀规格也有高下；华山因其巍峨险峻而成为西岳，享有崇高的地位；所谓"太牢"，是最高等级的祭祀规格，主要祭品是三种牲畜：牛、羊、豕；羭山的等级是"神"，其相应的祭祀规格史无明文，或许就是少牢；所谓"烛"，就是祭祀时点火炬，郝懿行认为"此盖古人用烛之始"（《山海经笺疏》）；所谓"斋百日"，指祭祀前需要长时间清心静气沐浴洁身；所谓"百牺"，指上百纯色牲畜；所谓"汤"通"烫"，"汤其酒百樽"意即温热上百樽酒；所谓"婴以百珪、百璧"，指将珪、璧等祭品环列排放；所谓"毛牷"，指用于祭祀的动物身体皮毛完整。

其四，《西次二经》说：

凡西次二经之首，自钤山至于莱山，凡十七山，四千一百四十里……其祠之：毛用少牢，白菅为席。其十辈神者，其祠之：毛一雄鸡，钤而不糈，毛采。

所谓"少牢"，祭祀等级较太牢低一级，只以羊和豕献祭；所谓"毛一雄鸡"，就是献祭时不拔除雄鸡的鸡毛；所谓"钤而不糈"，就是献祭时不用米，这或许是因为西北很多地区在上古时期仍以游牧为主，所以祭祀时不用米，《北山经》中也提到"瘗而不糈"（《北山经之首》）、"投而不糈"（《北次二经》）；所谓"毛采"，指用于献祭的雄鸡是杂色的。

其五，《北山经之首》说：

> 凡北山经之首，自单狐之山至于堤山，凡二十五山……其山北人，皆生食不火之物。

根据《大戴礼记·千乘》的记载，四辟大远之地皆有不火食者；《淮南子·原道训》也说"雁门之北，狄不谷食"。所谓"不火食"，很可能指祭祀时吃冷食。《山海经》中提到不火食的地方共有两处，除此以外，《北次三经》也说"皆用稌糈米祠之，此皆不火食"。既然当地有稌稻，就不可能只吃生食，因此，"不火食"应是指在祭祀时进冷食，如根据《新论·离事》记载，"太原郡隆冬不火食五日，虽病不敢触犯，为介之推故也"。这种习俗一直沿袭至今，所以有寒食节的传统。

上古时期最重视祭祀，所谓"国之大事，在祀与戎"（《左传·成公十三年》），祭祀山川、祷告天地是上古社会最为隆重的事情，连不信鬼神的孔子也会肃穆地对待祭祀，即所谓"祭如在，祭神如神在"（《论语·八佾》）。

《中次六经》说："岳在其中，以六月祭之，如诸岳之祠法，则天下安宁。"由此可知，在《山海经》成书的年代，上古社会的祭祀已经形成了系统，所以称之为"祠法"。《礼记·王制》说："天子社稷皆大牢，诸侯社稷皆少牢。大夫士宗庙之祭，有田则祭，无田则荐。"但是传世正统文献中关于具体的祭祀仪式，其记载均有疏略之嫌，而《山经》中的记载无疑为学者们的研究提供了丰富的资料。

其次，关于偶像崇拜，略举两例进行分析。

其一，《南次二经》说："其神状皆龙身而鸟首。"《南次三经》说："凡南次三经之首，自天虞之山以至南禺之山，凡一十四山，六千五百三十里。其神皆龙身而人面。"所谓"龙身"，很可能是指蛇身，南方地区多蛇身的偶像，如源自南方的伏羲、女娲传说，他们在汉画像石中的形象，就是蛇身人首。

其二，《西次二经》说："其十神者，皆人面而马身。其七神皆人面牛身，四足而一臂，操杖以行，是为飞兽之神。"《西次三经》说："凡西次三经之首……其神状皆羊身人面。"《北次三经》说："自太行之山以至于无逢之山，凡四十六山……其神状皆马身而人面者廿神。"西北地区多游牧部落，所以他们所崇拜的偶像往往是人面马身。

伏羲和女娲

山东嘉祥武梁祠画像石

4. 巫术巫医

巫术是上古先民试图借助超自然的神秘力量对某些人或事物施加影响的方术。上古之时巫术之风颇为盛行，《山海经》中即留有深深的印记。

《山海经》中有两则关于女丑之尸的记载：

女丑之尸，生而十日炙杀之。在丈夫北，以右手障其面。十日居上，女丑居山之上。（《海外西经》）

有三泽水，名曰三淖，昆吾之所食也。有人衣青，以袂蔽面，名曰女丑之尸。（《大荒西经》）

女丑

（清）汪绂《山海经存》

上古农业社会中，旱与涝是困扰先民的两个最主要的自然灾害，洪水泛滥有大禹治水或女娲补天的神话，旱灾则有后羿射日的神话。但神话只能获得心理慰藉，并不足以对抗天灾，所以先民会尝试借助巫术来进行对抗。女丑之尸的神话，其实反映的是先民试图驱逐旱魃（bá）的巫术仪式。历史上一直将旱魃视为女性，所以又称之为女魃，如张衡《东京赋》说："囚耕父于清泠，溺女魃于神潢。"薛综注释说："耕父、女魃皆旱鬼。"女丑之尸"衣青"，恰恰是旱魃的形象。焚烧旱魃的习俗至明清时期还一直在民间流传，人们甚至还会在旱灾来临时，从坟墓里刨出入殓不久的尸体进行焚烧。因此，女丑之尸其实就是在巫术仪式中象征旱魃者。

司马迁曾表示，他对《山海经》中的"怪物"是"不敢言"的（《史记·大宛列传》）。所谓"怪物"，其实大多与巫术有关。上古先民无法对诸多自然现象或者社会问题进行科学的分析，所以往往只能用超自然力量来加以解释，或吉或凶，都有相应的"怪物"作为预兆。如预示着凶兆的"怪物"：

颙

（清）吴任臣《山海经广注》

有兽焉，其状如禺而四耳，其名长右，其音如吟，见则郡县大水。（《南次二经》）

其中有鲑（tuán）鱼，其状如鲋（fù）而彘毛，其音如豚，见则天下大旱。（《南次三经》）

蛮蛮
（清）吴任臣《山海经广注》

有鸟焉，其状如枭，人面四目而有耳，其名曰颙（yóng），其鸣自号也，见则天下大旱。（《南次三经》）

有鸟焉，其状如凫而一翼一目，相得乃飞，名曰蛮蛮，见则天下大水。（《西次三经》）

鵁（jùn）鸟，其状如鸮，赤足而直喙，黄文而白首，其音如鹄，见则其邑大旱。（《西次三经》）

有鸟焉，其状如鹤，一足，赤文青质而白喙，名曰毕方，其鸣自叫也，见则其邑有讹火。（《西次三经》）

有兽焉，其状如膜犬，赤喙赤目白尾，见则其邑有火，名曰狼（yí）即。（《中次十一经》）

有兽焉，其状如彘，黄身，白头白尾，名曰闻獜（lìn），见则天下大风。（《中次十一经》）

有凶兆，自然也有相应的吉兆，如：

文鳐（yáo）鱼，状如鲤里……食之已狂，见则天下大穰（ráng）。（《西次三经》）

有兽焉，其状如豚而有牙，其名曰当康，其鸣自叫，见则天下大穰。（《东次四经》）

所谓"大穰"就是大丰收，在农业社会中，人们所关注的核心问题就是丰收，而丰收就意味着人们可以不受水旱等自然灾害的困扰。除了吉兆之外，还有诸多"怪物"是可以用来抵御各种灾祸的，如：

有兽焉，其状如狸而白首，名曰天狗，其音如榴榴，可以御凶。（《西次三经》）

其鸟多寓，状如鼠而鸟翼，其音如羊，可以御兵。（《北山经首》）

有兽焉，其状如貆（huán）而赤豪，其音如榴榴，名曰孟

槐，可以御凶。(《北山经首》)

有木焉，名曰帝屋，叶状如椒，凡伤赤实，可以御凶。(《中次七经》)

有鸟焉，其状如乌而赤足，名曰鴼(zhǐ)鵌(tú)，可以御火。(《中次十一经》)

有兽焉，其状如龟而白身赤首，名曰蚖(guǐ)，是可以御火。(《中次十二经》)

有鸟焉，其状如枭，人面而一足，曰橐(tuó)琶(féi)，冬见夏蛰，服之不畏雷。(《南山经之首》)

橐琶

(清)吴任臣《山海经广注》

除了各种天灾，先民们也将人祸的出现归因于超自然力量，如：

有兽焉，其状如豚，有

距，其音如狗吠，其名曰狸力，见则其县多土功。(笔者按：土功指工程，由于古代兴建工程必须从民间征发人力物力，所以"多土功"也就意味着徭役繁重。)(《南次二经》)

有鸟焉，其状如鸱而人手，其音如痹(bì)，其名曰鴸(zhū)，其名自号也，见则其县多放士。(笔者按："放士"指被流放者。)(《南次二经》)

有兽焉，其状如人而彘鬣，穴居而冬蛰，其名曰猾裹，其音如斫木，见则县有大繇。(《南次二经》)

有兽焉，其状如狸而白首、虎爪，名曰梁渠，见则其国有大兵。(《中次十一经》)

有鸟焉，其状如雄鸡而人面，名曰凫徯，其鸣自叫也，见则有兵。(《西次二经》)

有兽焉，其状如猿而白首赤足，名曰朱厌，见

凫徯

（清）吴任臣《山海经广注》

则大兵。(《西次二经》)

大鹗，其状如雕而黑文白首，赤喙而虎爪，其音如晨鹄，见则有大兵。(《西次三经》)

有天神焉，其状如牛，而八足二首马尾，其音如勃皇，见则其邑有兵。(《西次三经》)

面对人祸，先民也只能借助于巫术，《西次二经》说："有鸟焉，其状如翟而五采文，名曰鸾鸟，见则天下安宁。"鸾鸟就是凤凰，《南次三经》说：

有鸟焉，其状如鸡，五采而文，名曰凤皇，首文曰德，翼文曰义，背文曰礼，膺文曰仁，腹文曰信。是鸟也，饮食自然，自歌自舞，见则天下安宁。

这则记载很值得关注，所谓"见则天下安宁"虽然仍属于巫术的范畴，但瑞征与德、义、礼、仁、信等观念相结合，说明先民们已认识到人祸的问题与人治有关，需要靠德政来解决。这其实体现出儒家的思想理念，也可以作为孔子所谓"凤鸟不

窫窳

《清宫兽谱》

至"（《论语·子罕》）的极佳注解，因为"凤鸟不至"意味着德政的缺乏，所以孔子才会有"已矣夫"的感慨。

上古时期的医学与巫术密不可分，医的古字作"毉"，从巫，说明上古时期的医学其实就是巫术的一部分。因此，巫师在神话中掌管着医药，也掌管着生死，《山海经》中有不少这样的神话：

开明东有巫彭、巫抵、巫阳、巫履、巫凡、巫相，夹窫（yà）窳（yǔ）之尸，皆操不死之药以距之。窫窳者，蛇身人面，贰负臣所杀也。（《海内西经》）

有巫山者，西有黄鸟。帝药，八斋。黄鸟于巫山，司此玄蛇。（《大荒南经》）

有灵山，巫咸、巫即、巫盼、巫

十巫

（清）汪绂《山海经存》

彭、巫姑、巫真、巫礼、巫抵、巫谢、巫罗十巫，从此升降，百药爰在。(《大荒西经》)

根据《海内西经》的记载，"贰负之臣曰危，危与贰负杀窫窳"，于是天帝将危桎梏在了疏属之山。贰负与其臣子危杀害窫窳的行为显然惹怒了天帝，所以群巫操不死药去救窫窳。这说明巫师们不但具有神力，而且也具备与天帝沟通的本领，他们能够上天下地，也就是《大荒西经》所说"从此升降"。

瘟疫是从古至今人类所面临的医学难题，上古时期瘟疫所带来的民间困苦尤甚，《墨子·兼爱》所说"今岁有厉疫，万民多有勤苦冻馁，转死沟壑中者"就是其写照。先民对疫情的产生只能用迷信的方式来解释，《山经》有诸多此类记载：

有鸟焉，其状如凫而鼠尾，善登木，其名曰絜钩，见则其国多疫。(《东次二经》)

有兽焉，其状如牛而白首，一目而蛇尾，其名曰蜚（fēi），行水则竭，行草则死，见则天下大疫。(《东次四经》)

有鸟焉，其状如鹑而一足、彘尾，其名曰跂踵，见则其国

絜钩

《怪奇鸟兽图卷》，约绘制于日本江户时期，成城大学图书馆藏

大疫。(《中次十经》)

有兽焉，其状如彙，赤如丹火，其名曰狼(lì)，见则其国大疫。(《中次十一经》)

而先民应对疫情的方式，往往也只能诉诸巫医，《山经》中有不少记载：

有草焉，名曰薰草，麻叶而方茎，赤华而黑实，臭如蘼芜，佩之可以已疠。(《西山经之首》)

有鸟焉，其状如鹑，黄身而赤喙，其名曰肥遗，食之已疠，可以杀虫。(《西山经之首》)

澧水出焉，东流注于余泽，其中多珠蟞鱼，其状如肺而有目，六足有珠，其味酸甘，食之无疠。(《东次二经》)

有鸟焉，其状如鹊，青身白喙，白目白尾，名曰青耕，可以御疫，其鸣自叫。(《中次十一经》)

"疠"和"疫"均指瘟疫而言。根据郝懿行的笺疏，薰草就是蕙草，而蕙草确实具有很多药用价值，古人也用以应对瘟疫，《南方草木状》记载："叶如麻，两两相对，气如蘼芜，可以止疠。"至于肥遗鸟、青耕鸟等恐怕只是传说中的鸟类，故而所谓"已疠""御疫"应该属于巫术范畴。

《山海经》中关于巫医的内容非常丰富，比如针对皮肤病，《北山经之首》说："滑水出焉，而西流注于诸毗之水。其中多滑鱼，其状如鳝（shàn），赤背，其音如梧，食之已疣。"针对疲劳症，《西次三经》说："有草焉，名曰蒉（pín）草，其状如葵，其味如葱，食之已劳。"针对风湿病，《中次十一经》说："有兽焉，其状如犬，虎爪有甲，其名曰獜……食者不风。"针对耳聋，《南山经首》说："旋龟，其音如判木，佩之不聋，可以为底。"所谓"为底"，意即治病痊愈。针对化脓性炎症，《南山经首》说："鯥（lù），冬死而夏生，食之无肿疾。""肿疾"就是痈疽。

巫医借助超自然力量，所以也就显得无所不能了，甚至还能解决心理问题。比如针对嫉妒问题，《南山经首》说："有兽焉，其状如狸而有髦（máo），其名曰类，自为牝牡，食者不妒。"针对恐惧症问题，《南山经首》说："有兽焉，其状如羊，

九尾四耳，其目在背，其名曰犰（bó）狔，佩之不畏。"郭璞
注释说："不知恐畏。"针对忧虑症，《南次三经》说："有木
焉，其状如穀而赤理，其汗如漆，其味如饴，食者不饥，可以
释劳。"根据郝懿行的解释，"劳"指忧虑。

值得注意的是，后世医学著作引用《山海经》之处并不
多，如北宋学者唐慎微在《证类本草》中仅引用过 10 次，又如
明代学者李时珍在《本草纲目》中引用过 18 次。这一情况或许
说明了两个方面的问题：其一，随着对药物认识的深入，古人
逐渐摆脱了巫术的藩篱；其二，由于历代学者缺乏对《山海经》
的持续研究，《山海经》在某些医学方面的价值已经失传。

5. 天文历法

《山海经》中有关古代天文历法方面的神话传说同样丰富，
兹略述如次。

上古先民已经对天文现象有观测和研究，并反映于神话
中。如《大荒东经》载日月所出之山有六处：

东海之外，大荒之中，有山名曰大言，日月所出。

大荒之中，有山名曰合虚，日月所出。

大荒中，有山名曰明星，日月所出。

大荒之中，有山名曰鞠陵于天、东极、离瞀（mào），日月所出。

大荒之中，有山名曰猗（yī）天苏门，日月所出。（笔者按：今本"出"字作"生"，误。《艺文类聚》卷一、《太平御览》卷三皆引作"出"，今据改。）

东荒之中，有山名曰壑明俊疾，日月所出。

与之相对应，《大荒西经》载日月所入之山也有六处：

大荒之中，有山名曰丰沮玉门，日月所入。

大荒之中，有龙山，日月所入。

大荒之中，有山名曰日月山，天枢也。吴姖（jù）天门，日月所入。

大荒之中，有山名曰鏖（áo）鏊（ào）巨，日月所入者。

大荒之中，有山名曰常阳之山，日月所入。

大荒之中，有山名曰大荒之山，日月所入。

由于地球的自转轴与绕太阳公转的平面并不垂直，而是存在着倾斜角度，因此产生四季。《山海经》关于日月所出与所入之山的记载当然在客观上并不存在，但却反映出上古先民已经发现地、日、月三者之间的运行关系并不恒定，而是会发生有规律的变化。

这样的发现当然建立在观测的基础上，神话中就有专司观测天文的诸神。《西次三经》说：

又西二百里曰长留之山，其神白帝少昊居之。其兽皆文尾，其鸟皆文首。是多文玉石。实惟员神磈（wěi）氏之宫。是神也，主司反景。

所谓"主司反景"，根据郭璞的解释，就是"日西入则景反东照，主司察之"。也就是说，神磈氏是负责观测日入之神。而观测日出

十二月神

长沙子弹库楚帛。图中十二个半人半兽的神怪，表示十二月。

月出之神则是四方风神之一的鹓（wǎn），《山海经·大荒东经》说："有人名曰鹓。北方曰鹓……是处东极隅以止日月，使无相间出没，司其短长。"在先民们的认知中，四时都归神灵掌握，《西次三经》说："西南四百里，曰昆仑之丘，是实惟帝之下都，神陆吾司之。其神状虎身而九尾，人面而虎爪；是神也，司天之九部及帝之囿时。"所谓"囿时"，根据郭璞的解释，就是"天帝苑囿之时节"。

《尚书·尧典》说："乃命羲和钦若昊天历象——日月星辰，敬授民时。"羲和专司天文历法之职，这在神话中也有反映。《大荒南经》说：

东南海之外，甘水之间，有羲和之国。有女子名曰羲和，方日浴于甘渊，羲和者，帝俊之妻，生十日。

羲和浴日甘渊

（清）汪绂《山海经存》

羲和是帝俊之妻，也是日母。帝俊的另一个妻子常羲则是月母，《大荒西经》说：

有女子方浴月。帝俊妻常羲，生月十有二，此始浴之。

《大荒东经》说："有女和月母之国。"女和应该就是羲和，月母则毫无疑问就是常羲。先民们无法对天文现象进行科学分析，所以用神话进行解释。《大荒西经》说：

颛顼生老童，老童生重及黎，帝令重献上天，令黎邛（qióng）下地，下地是生噎，处于西极，以行日月星辰之行次。

马王堆汉墓帛画，右上角有太阳和日中乌图。

湖南博物院藏

在先民们看来，日月星辰之行次都受到了神力的影响。而神话中对太阳的运行有着更为详细的叙述：

> 下有汤谷，汤谷上有扶桑，十日所浴。在黑齿北。居水中，有大木，九日居下枝，一日居上枝。（《海外东经》）

> 大荒之中有山，名曰孽摇頵（jūn）羝（dī），上有扶木，柱三百里，其叶如芥。有谷曰温源谷。汤谷上有扶木，一日方至，一日方出，皆载于乌。（《大荒东经》）

有关十日的神话，其内容固然充满着幻想，但折射出的却是上古时期天干地支的历法，十日就是天干，十二月就是地支。

1. 钉灵国、犬戎与马人

中国古代西北地区曾经有过一个丁零国，秦末汉初之际一度被匈奴征服。《史记·匈奴列传》载："后北服浑庾、屈射、丁零、鬲昆、薪犁之国。于是匈奴贵人大臣皆服，以冒顿单于为贤。"丁零又作钉灵、丁令。有关丁零国的史料记载极为缺略，见诸载籍者仅是若干传说。丁零国之传说首见于《山海经·海内经》：

有钉灵之国，其民从膝已下有毛，马蹄，善走。

郭璞注释说："《诗含神雾》曰：'马蹄自鞭其蹄，日行三百里。'"钉灵国人之形象今已不可确考，后人据经文所述绘其图如下。

钉灵国

万历三十五年（1607）
本《三才图会》

钉灵国人马蹄善走之传说屡见于史料记载。《三国志·魏书·乌丸鲜卑东夷传》裴松之注引《魏略·西戎传》说：

> 乌孙长老言北丁令有马胫国，其人音声似雁鹜，从膝以上身头，人也，膝以下生毛，马胫马蹄，不骑马而走疾马。

因其国人有"马胫马蹄"，故又称为马胫国。元人周致中《异域志》说：

> 丁灵国：其国在海内。人从膝下生毛，马蹄善走，自鞭其脚，一日可行三百里。

这一记载是糅合《山海经》与郭璞注而为说。钉灵国至唐代又称牛蹄突厥。唐人杜环《经行记·苦国》说：

> 可萨北又有突厥，足似牛蹄，好啖人肉。

唐人李冗《独异志》卷下说：

北方有匈奴，形质皆人，而足如马蹄，谓之马蹄突厥。

马蹄善走当然并非钉灵国人的真实形象，或许是因为钉灵国人系北方游牧民族，善于骑马，来往迅捷，所以才有马蹄善走的传说出现。

1984 年，新疆维吾尔自治区洛浦县山普拉古墓出土了大量战国至东汉时期的文物，其中一条彩色绵毛裤上织有一半人半马的图案，见下图：

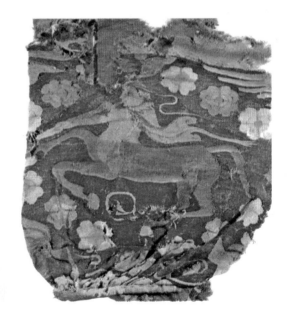

织有半人半马图案的彩色绵毛裤

山普拉古墓出土

参加发掘的考古工作者认为，这个人面马身的图案与传说中的钉灵国人的形象是一致的（《洛浦县山普拉古墓地》）。这一观点有失偏颇。根据《山海经·海内经》所言，钉灵国人仅仅膝盖以下生毛，并且双足为马蹄；而上面的图案，上肢以下全部是马的形状，显然两者是并不相同的。有学者也认识到了这一点，并指出这两者之异。这位学者又认为："山普拉古墓地出土的绛毛裤上的半人半马形象就是欧州古代传说中的马人。"（李吟屏《洛浦县山普拉古墓地出土绛毛裤图案马人考》）确实，这个半人半马形象与欧洲古典造型艺术中的马人形象极其相似，而且还特别容易使人联想起法国名酒"人头马"的商标图案来。

但是笔者认为，我们

［意大利］波提切利《雅典娜与半人马》

不必因为这个半人半马的形象与钉灵国人有异而与欧洲马人相似，就认为它是遥远异乡的舶来品。从文献记载分析，这个半人半马的形象应即传说中的犬戎部族的犬戎神。

犬戎是中国古代西北地区民族的通称。有关犬戎的传说，《山海经》中载之甚详。《大荒北经》说：

> 黄帝生苗龙，苗龙生融吾，融吾生弄明，弄明生白犬，白犬有牝牡，是为犬戎，肉食。

此外，《海内北经》说：

> 其东有犬封国。

郭璞注释说："昔盘瓠杀戎王，高辛以美女妻之……生男为狗，女为美人，是为狗封之国也。"犬封即犬戎。以上关于犬戎因狗而立国的传说可能源于中原人对少数民族的歧视，或者是对犬戎一名的曲解。犬戎属西北地区的游牧民族，所以它们所崇拜的图腾是马而非犬，《山海经》也保留了犬戎之始祖为白马的传说。《海内经》说：

> 黄帝生骆明，骆明生白马，白马是为鲧。

骆明即前引《大荒北经》之弄明，是知此经以白马为犬戎之始祖。此外尚有大量传说可以证明这一点。《海内北经》说：

> 犬封国曰犬戎国……有一女子，方跪进杯食。有文马，缟身朱鬣，目若黄金，名曰吉量。

犬戎国

（东晋）郭璞注、（明）蒋应镐绘图《山海经》，明崇祯时期刊本。图中有一女子，跪下献食。

吉量与"方跪进杯食"女子之间的故事今已湮没无闻，不过我们可以推测这个女子与文马吉量应当就是传说中的犬戎国的开创者。还有一点可以肯定，吉量是犬戎国的神马。《文选·东京赋》李善注引《瑞应图》说：

乘黄

《清宫兽谱》

　　腾黄神马，一名吉光。

腾黄、吉光均为吉量的异名。传说吉量曾被作为贡品献给殷纣王。《淮南子·道应训》说：

　　于是散宜生乃以千金求天下之珍怪，得驺虞、鸡斯之乘……以献于纣。

"鸡斯之乘"也就是吉量，《史记·周本纪》说：

闳夭之徒患之，乃求有莘氏美女，骊戎之文马……献之纣。

《绎史》卷十九引《六韬》说：

商王拘周伯昌于羑里，太公与散宜生以金千镒，求天下珍
物，以免君之罪。于是得犬戎氏文马，驳身朱鬣，目若黄金，
项下鸡毛，名曰鸡斯之乘，以献商王。

这些都是后起的传说，但也可以证明吉量被视作神奇之马。可
知吉量最初是从犬戎族的图腾衍化而来。

正因为犬戎族的图腾为马，所以其神——犬戎神也就具有
了半人半马的形状。《大荒北经》说：

有犬戎国。有神，人面兽身，名曰犬戎。

"人面兽身"究竟是何兽之身呢？《大荒北经》又说：

大荒之中……有人名曰犬戎……有赤兽，马状无首，名曰
戎宣王尸。

"戎宣王尸"，郭璞注释说："犬戎之神也。"其何以遭戮而无首，今已不可得而知。但有一点我们可以确知，犬戎神的体状应是人面马身。

类似犬戎神这种半人半兽的形状，我们在《山海经》及汉画像石中是屡见不鲜的，最常见和熟悉的是伏羲和女娲的人首蛇身。因此，笔者认为洛浦县山普拉古墓地出土的彩色缂毛裤上的马人形象就是犬戎神。实际上这种半人半马的神灵形象在西北游牧民族中是普遍存在的。《山海经·北次三经》说：

自太行之山以至于无逢之山，凡四十六山，万二千三百五十里。其神状皆马身而人面者廿神。

所以我们有理由认为马人正是西北民族崇拜马的图腾的写照。至于欧洲神话中的马人似乎不必去妄加比附。

2. 天毒国

《海内经》卷首有"天毒国"，其文说：

东海之内，北海之隅，有国名曰朝鲜、天毒，其人水居，偎人爱之。

这段经文讹误脱衍之处甚多，有必要先做一番校理。郝懿行校"爱之"为"爱人"，是也。经文"有国名曰朝鲜、天毒"似乎也与《海内经》之文例不符，经中凡说"有国名曰××"者，皆单举一国之名，如"有国名曰壑市""有国名曰氾叶"等；若两国之名并举则说"有××之国"，如"流沙之东，黑水之西，有朝云之国、司彘之国""北海之内……有玄丘之民。有大幽之国。有赤胫之民"，由此可知此处经文必有脱衍。《弘明集》卷二刘宋宗炳《明佛论》引此经说："天毒之国，偎人而爱人。"《广弘明集》卷一唐道宣《归正篇·佛为老师》引此经也说："申毒之国，偎人而爱人。"因而此经原本应为："东海之内，北海之隅，有国名曰朝鲜。有天毒之国，其人水居，偎人而爱人。"

郭璞注释此经说："天毒即天竺国，贵道德，有文书、金银、钱货，浮屠出此国中也。晋大兴四年，天竺胡王献珍宝。"明人王崇庆对此表示过疑问，他说："天毒疑别有意义，郭以为即天竺国，天竺在西域，汉明帝遣使迎佛骨之地，此未知是非也。"但是自郭璞提出"天毒即天竺"说后，即为人们所普遍接受。基于这种说法，有人于是提出佛教在《山海经》成书时即已传入中国的观点。宗炳《明佛论》说：

> 伯益述《山海》："天毒之国，偎人而爱人。"郭璞传："古谓天毒即天竺，浮屠所兴。偎爱之义，亦如来大慈之训矣。"固亦闻于三五之世矣。（《弘明集》卷二）

道宣《归正篇·佛为老师》也说：

> 余寻终古三五帝皇，有事西奔，罕闻东逝。故轩辕游华胥之国，王邵云即天竺也；又陟昆仑之墟，即香山也……故伯益述《山海》："申毒之国，偎人而爱人。"郭璞博古者曰："申毒即天竺也，浮屠所兴。"今闻之说曰："地殷土中，物壤瑰丽，民博仁智，俗高理学，立德厚生，何负诸夏？古称爱人之国。"世挺贤圣之人，岂虚构哉！（《广弘明集》卷一）

他们都沿袭了禹、益著《山海经》的观点，所以也得出了三

代之前已知佛教的结论。这当然是无稽之谈，任继愈主编
《中国佛教史》卷一即指出："印度这个古国对时间的概念极
不认真，古来中国佛教僧侣也利用这点来自我炫耀。说三代
之前（即在大约三四千年前）中国已知佛教。这时佛陀尚未降
生，何来佛教？"

如果"天毒"果如郭璞所言就是天竺的话，那么按目前
为人所广泛接受的《山海经》成书于战国时代的说法，似乎也
可以得出佛教传入中国是在战国时代的观点。这是关系到佛教
何时传入中国的问题，所以我们有必要对《海内经》的"天毒
国"略做考证。

笔者以为天毒与天竺应当没有联系。从各种文献记载分
析，中国人对天竺的初步认识和了解应在西汉张骞出使西域之
后。《史记·大宛列传》说：

　　骞身所至者大宛、大月氏、大夏、康居，而传闻其旁大国
五六，具为天子言之。曰：……（大夏）其东南有身毒国。骞曰：
"臣在大夏时，见邛竹杖、蜀布。问曰：'安得此？'大夏国人曰：
'吾贾人往市之身毒。身毒在大夏东南可数千里。其俗土著，大

张骞出使西域

莫高窟第 323 窟，初唐

与大夏同，而卑湿暑热云。其人民乘象以战。其国临大水焉。'"

这段材料表明汉武帝时蜀地与天竺（身毒）之间有商人在往来做生意，所以民间（蜀地）或许对天竺已有所了解，但是中土之人真正确知天竺的方位、听闻天竺的风俗，应当还是在张骞出使之后。《后汉书·西域传》说：

至于佛道神化，兴自身毒，而二汉方志莫有称焉。张骞但著地多暑湿，乘象而战。

《魏书·释老志》说：

及开西域，遣张骞使大夏还，传其旁有身毒国，一名天竺，始闻浮屠之教。

隋费长房《历代三宝记》卷二也说：

张骞使大夏还，汉始知有身毒国。

根据以上记载，战国时代人们对天竺还是一无所知的，这也与当时人们所掌握的地理知识相符。以《五藏山经》而言，其《西山经》"北抵今宁夏盐池西北、陕西榆林东北一线，西南抵甘肃鸟鼠山、青海湖一线，西北可能到达新疆东南角的阿尔金山，但不包括罗布泊以西以北"（谭其骧《论〈五藏山经〉的地域范围》），远远未及中亚地区。再看《海经》，只有《海内东经》约略提到了几个传闻中的流沙以外的国度，曰："国在流沙外者，大夏、竖沙、居繇、月支之国。"（此条经文原应在《海内西经》中，今本误入《海内东经》。）显然更为遥远的天竺是战国时人所不能知晓的。既然如此，《海内经》中的"天毒"又做何解？是否如郭璞所注就是天竺呢？

从文献上看，印度的古称没有称作"天毒"的。《艺文类聚》卷七十六引司马彪《续汉书》说：

> 天竺国一名身毒，在大月氏东南。

《大唐西域记》卷二"滥波国"说：

> 详夫天竺之称，异议纠纷，旧云身毒，或曰贤豆，今从正音，宜云印度。

《续一切经音义》卷二"新大方广佛花严经"也说：

> 天竺……古云身毒，或云贤豆，新云印度……

据此，"天毒"当是另有所指。又按，《海内经》所说的"天毒"，其方位在"东海之内，北海之隅"，与朝鲜相邻。"天毒"的地理位置与天竺更是风马牛不相及。因此，笔者以为郭璞所谓"天毒即天竺国"说是有失偏颇的。袁珂猜测《海内经》"或者中有脱文伪字，未可知也"，这仍是囿于郭璞的旧说。

持"天毒即天竺国"之说者咸以"天毒"之"偎人而爱人"为如来之"大慈之训"。但有学者指出："即使说'偎人而爱人'也不一定与佛教有必然联系。"(《中国佛教史》卷一)这种说法很有见地。"仁者爱人"是儒家的传统思想，并非佛家的专利。传说中国上古的东部民族即有礼让仁义之民风，《说文解字》说：

唯东夷从大。大，人也。夷俗仁，仁者寿，有君子不死之国。

《海外东经》记载的"君子国"，称"其人好让不争"。《博物志·外国》也说：

君子国人，衣冠带剑，使两虎，民衣野丝，好礼让不争。

土千里，多薰华之草。

"天毒"既然地处"东海之内"，那么其人有"爱人"的风俗就不难理解了。正是基于这一点，"天毒"国又称作"偎人"国。《玉篇》说："偎，爱也。又北海之隅有国曰偎人。"

据此，"天毒"应当是东北地区湮没的（或传说中的）古国，而不是所谓的"天竺"。

3. 女娲之肠与女娲七十变

人们比较熟悉女娲补天以及伏羲女娲兄妹成婚的神话，而对《山海经》中的一段记载则比较陌生。《大荒西经》说：

有神十人，名曰女娲之肠，化为神，处栗广之野，横道而处。

经文"有神十人"的"十"字疑衍，应作"有神人"。郭璞

女娲之肠十人

（清）汪绂《山海经存》

注释说：

　　女娲，古神女而帝者，人面蛇身。一日中七十变，其腹（肠）化为此神……

郭璞所谓女娲"一日中七十变"的说法源自东汉王逸。《天问》说：

　　女娲有体，孰制匠之？

王逸注释说：

> 传言女娲人头蛇身，一日七十化，其体如此，谁所制匠而
> 图之乎？

女娲一天之中可以有七十种变化，这种本领有点类似于后世
传说中孙悟空的"七十二变"，不知两者之间是否存在着某种
联系？

王逸之说得自于"传言"，应该属于民间传说。有关女娲
的神话有两个主要内容，一为补天，二为造人。《淮南子·览
冥训》说：

> 往古之时，四极废，九州裂，天不兼覆，地不周载，火爁
> 炎而不灭，水浩洋而不息，猛兽食颛民，鸷鸟攫老弱。于是女
> 娲炼五色石以补苍天，断鳌足以立四极，杀黑龙以济冀州，积
> 芦灰以止淫水。

《论衡·谈天篇》也说：

共工与颛顼争为天子，不胜，怒而触不周之山，使天柱折，地维绝。女娲销炼五色石以补苍天，断鳌足以立四极。天不足西北，故日月移焉；地不足东南，故百川注焉。

以上是有关女娲补天的神话。《太平御览》卷七十八引《风俗通》说：

俗说天地开辟，未有人民，女娲抟黄土作人，剧务，力不暇供，乃引绳于絙泥中，举以为人。故富贵者，黄土人也；贫贱者凡庸者，絙人也。

《说文解字》第十二说：

（女）娲：古之神圣女，化万物者也。

又按《淮南子·说林训》说：

黄帝生阴阳，上骈生耳目，桑林生臂手，此女娲所以七十化也。

高诱注释说："黄帝，古天神也。始造人之时，化生阴阳。上骈、桑林皆神名。"这一段文字也是有关女娲造人的神话。

显然，所谓女娲七十变并不见于载籍传说之中。笔者认为王逸之说系根据"传言"而说，而"传言"实际上是因为《淮南子·说林训》"女娲所以七十化"而误。所谓"化"者，并非变化之意，应当解释为化生、化育。《素问》说："同天地之化。"唐代学者王冰注释说："物生谓之化。"因此，"传言"是因为不谙"七十化"之本意而衍生的错误，王逸、郭璞也因循传言，乃致以讹传讹，于是女娲平添一日七十变的本领了，自古及今，一直都无人怀疑其真实性。又因此之故，《天问》"女娲有体，孰制匠之"一句曲解千年。

由以上分析可知，屈原实际上是因为女娲是造人之神，于是设问：女娲自己也有身躯，那又是谁制造的呢？

4. 沃野与西方乐土

《离骚》在接近尾声时说：

路修远以多艰兮，腾众车使径待。

路不周以左转兮，指西海以为期。

这是诗人的第三次神游。"西海"，王邦采《离骚汇订》认为是
"西皇之所居也"，朱琦《文选集释》则以为是《水经注》中的
"蒲昌海"。这两种说法恐怕都有问题，"西海"本来并非实际
的地名，不必强行指实为某地。现代学者有的解释"西海"为
神话传说中的海，这也是不明"海"的本意（见前文《"山海"
释义》），所以望文生义。更有学者认为，神话地名"一般总是
有具体地望作为它的现实基础的"，因此推断"西海"即大西
洋（萧兵《屈原赋和"阿特兰提斯"》）。这种说法不但流于推求过
甚之弊，而且还有附益之嫌。兹对"西海"所蕴含的神话意义
进行一些分析考证。

"海"有数义，一为百川会聚之所，如《淮南子·泛论训》
说："百川异源，而皆归于海。"二为晦暗之义。三为僻远蛮荒
之地，古人习惯将四方僻远蛮荒之地称为"四海"。《尔雅·释
地》说："九夷、八狄、七戎、六蛮谓之四海。"《周礼·地
官·调人》郑玄注释说："九夷、八蛮、六戎、五狄谓之四海。"

《离骚》说：

> 忽反顾以游目兮，将往观乎四荒。

> 览相观于四极兮，周流乎天余乃下。

《九歌·云中君》也说：

> 览冀州兮有余，横四海兮焉穷。

这三句都是诗人表示周游天下的意思，由此可知"四荒""四极""四海"的含义是相同的。因此，"西海"绝非指西方的大海，而是泛指西部极远之地。

屈原为战国时人，他的地域观念当然不可能超出同时代人，因此，所谓"西海"即今大西洋的观点，显然失诸臆测，与先秦时人的地域观念相悖。再从《离骚》的内容本身来进行分析。《离骚》说：

> 朝发轫于天津兮，夕余至乎西极。

> 凤皇翼其承旗兮，高翱翔之翼翼。
>
> 忽吾行此流沙兮，遵赤水而容与。
>
> 麾蛟龙使梁津兮，诏西皇使涉予。

这是诗人叙述其经流沙渡赤水，向着"西海"进发。有学者于是以为"西海"距流沙、赤水及昆仑必很遥远。这是误解，《山海经·大荒西经》说：

> 西南海之外，赤水之南，流沙之西，有人珥两青蛇，乘两龙……

此外《海内经》说：

> 西海之内，流沙之中，有国名曰……
> 西海之内，流沙之西，有国名曰……

由此可知流沙、赤水俱在"西海"之中。"四海"可以泛指四方，如《山海经》之东、南、西、北四海，亦可专指四极。诗人所说的"指西海以为期"之"西海"应该就是指西极。

再看《离骚》说：

> 朝发轫于苍梧兮，夕余至乎悬圃。
>
> 欲少留此灵琐兮，日忽忽其将暮。
>
> 吾令羲和弭节兮，望崦嵫而勿迫。
>
> 路曼曼其修远兮，吾将上下而求索。
>
> 饮余马于咸池兮，总余辔乎扶桑。
>
> 折若木以拂日兮，聊逍遥以相羊。
>
> …………
>
> 吾令帝阍开关兮，倚阊阖而望予。

诗人神游到达帝都昆仑时，已近黄昏时分，诗人试图留住落日，并在咸池饮马休息，最后当诗人准备叩开帝都之门时，却被帝阍拒之门外。诗中的"崦嵫""咸池""若木"都是日落之所，可见帝都昆仑也在日落的西极。据此我们可以知道诗人的地域观与当时人并无不同，诗中所说"西海"的地望在昆仑附近。游国恩《离骚纂义》说："朱琦必欲考西海之所在，失之太迂。总之此等处但会古人幻想所存，不必强索其实义，斯为得之。"诚为卓识。

持"西海"为大西洋之说者将"西海"与传说中沉没的古国阿特兰提斯联系起来，进而推断说："《离骚》为什么突然中止他第三次，也是最重要的一次飞行呢？""在诗人的意识深层，是否有这样的意图——所谓'西海——西极'本是消失的乐园，本是一种虚幻，一种可以悬想而无法实现的美梦。"（萧兵《屈原赋和"阿特兰提斯"》）且不说诗人根本无从得知所谓的阿特兰提斯的传说，即便知道，诗人又为什么偏要去寻求那消逝的乐园呢？难道诗人在现实生活中遭受的挫折还不多，还要到幻想的国度中去寻找痛苦吗？更何况乐园并非只有一个沉没的阿特兰提斯，也不是欧洲人所独有。《诗经·魏风·硕鼠》说："硕鼠硕鼠，无食我黍！三岁贯女，莫我肯顾。逝将去女，适彼乐土。乐土乐土，爰得我所！"这是受尽压迫的农人在幻想着能够过上美好的生活，到达没有剥削的"乐土"。

周代"乐土"的原型如何我们现在虽已不得而知，但是春秋战国的"乐土"还是可以通过《山海经》所载窥见其一斑。《山海经·海内西经》说：

> 海内昆仑之虚，在西北，帝之下都。昆仑之虚，方八百

开明兽

《清宫兽谱》

开明兽

晚清皮影，成都博物馆藏

里，高万仞。上有木禾，长五寻，大五围。面有九井，以玉为槛。面有九门，门有开明兽守之，百神之所在。

"昆仑之虚"是天帝的下都，也是百神的所在，当然也就成为人们理想中的"乐土"。《大荒西经》说：

西海之南，流沙之滨，赤水之后，黑水之前，有大山，名曰昆仑之丘……有人……名曰西王母。此山万物尽有。

鸾

《怪奇鸟兽图卷》，约绘制于日本江户时期，成城大学图书馆藏

昆仑之虚万物尽有，必然是一个富沃之地。《大荒西经》又说：

> 有西王母之山（笔者按：经文原为"西有王母之山"，误，今从郝懿行校改）、螯山、海山。有沃民之国（笔者按：经文原脱"民"字），沃民是处。沃之野，凤鸟之卵是食，甘露是饮。凡其所欲，其味尽存。爰有甘华、甘柤、白柳、视肉、三骓、璇瑰、瑶碧、白木、琅玕、白丹、青丹，多银、铁。鸾凤自歌，凤鸟自舞，爰有百兽，相群是处，是谓沃之野。

这里有凤鸟在歌舞，有凤卵可食，有甘露可饮，连群兽都"相群是处"，所以这里的土地叫作沃野，这里的人民叫作沃民，这里的国家叫作沃民国。这实在是一个极乐的世界。《海内西经》也说：

此诸夭之野，鸾鸟自歌，凤鸟自舞。凤皇卵，民食之；甘露，民饮之，所欲自从也。百兽相与群居。

"诸夭（沃）之野"即"沃之野"。像这样的"乐土"，在昆仑之虚是到处可见的。《海内经》说：

西南黑水之间，有都广之野，后稷葬焉。爰有膏菽、膏稻、膏黍、膏稷，百谷自生，冬夏播琴。鸾鸟自歌，凤鸟自儛，灵寿实华，草木所聚。爰有百兽，相群爰处。此草也，冬夏不死。

黑水出昆仑之虚，可见都广之野也在昆仑之虚附近。

顾颉刚曾经指出：

在《山海经》中，昆仑是一个有特殊地位的神话中心，很多古代的神话，如夸父逐日、共工触不周山及振滔洪水、禹杀相柳及布土、黄帝食玉投玉、稷与叔均作耕、魃除蚩尤……等故事，都来源于昆仑。山上还有壮丽的宫阙，精美的园圃和各种奇花异木、珍禽怪兽。而保持长生不死，更是昆仑上最大的要求，他们采集神奇的草木，用了疏圃的池水和四大川的神泉，制成不死的药剂。凡是有不当死而死的人，就令群巫用药把他救活。这真是一个雄伟的、美丽的、生活上最能满足的所在，哪能不使人向往这一个神话世界呢！（《〈庄子〉和〈楚辞〉中昆仑和蓬莱两个神话系统的融合》）

这段概括非常之精辟。正是由于昆仑之虚是春秋战国时人所幻想的"乐土"，所以屈子每次神游都要至其地，"指西海以为期"，就是表明诗人渴望到达理想中的"乐土"。

5.《九歌》与旱祭之乐歌

《九歌》是屈原的名篇，也是传说中的乐歌，《山海经》中就有记载，二者有着密切的联系。作为传说中的乐歌，《九歌》究竟具有什么样的性质，值得探讨。先从屈原的《九歌》谈起。

（1）关于屈原《九歌》性质的几种说法

《九歌》的性质是什么？王逸《楚辞章句》卷二《九歌序》说：

> 《九歌》者，屈原之所作也。昔楚国南郢之邑，沅、湘之间，其俗信鬼而好祠。其祠必作歌乐鼓舞以乐诸神。屈原放逐，窜伏其域，怀忧苦毒，愁思沸郁。出见俗人祭祀之礼，歌舞之乐，其词鄙陋，因为作《九歌》之曲。上陈事神之敬，下见己之冤结，托之以风谏，故其文意不同，章句杂错，而广异义焉。

王逸的说法影响最广，历代楚辞学家大多因循其说。朱熹《楚辞集注》卷二也说：

> 《九歌》者，屈原之所作也。昔楚南郢之邑，沅、湘之间，其俗信鬼而好祀。其祀必使巫觋作乐，歌舞以娱神。蛮荆陋俗，词既鄙俚，而其阴阳人鬼之间，又或不能无亵慢淫荒之杂。原既放逐，见而感之，故颇为更定其词，去其泰甚，而又

因彼事神之心，以寄吾忠君爱国眷恋不忘之意。是以其言虽若不能无嫌于燕昵，而君子反有取焉。

他们都认为《九歌》是忠君爱国之作。现代学者胡适首先抛弃了传统说法，认为《九歌》是民间祭祀歌，他说：

> 《九歌》与屈原的传说绝无关系。细看内容，这九篇大概是最古之作，是当时湘江民族的宗教舞歌。（《胡适文存二集·读〈楚辞〉》）

陆侃如《屈原评传》也赞同此说。闻一多进一步提出《九歌》为楚郊祀歌。他说：

> 东皇太一是上帝，祭东皇太一即郊祀上帝。只有上帝才够得上受主祭者楚王的专诚迎送。其他九神论地位都在王之下，所以典礼中只为他们设享，而无迎送之礼。……根据纯宗教的立场，十一章应改称"楚《郊祀歌》"，或更详明点，"楚郊祀东皇太一《乐歌》"，而《九歌》这称号是只应限于中间的九章插曲。（《什么是九歌》）

东皇太一

（元）张渥《九歌图》

　　孙作云也明确提出："我以为《九歌》是楚国国家祀典的乐章，与平民无关。"（《〈九歌〉非民歌说》）他们将《九歌》与《汉书·礼乐志》所载《郊祀歌》十九章作对比，发现两者格调大致相同，因而推测说：

　　　　"赵代秦楚之讴"是汉武因郊祀太一而立的乐府中所诵习的歌曲，《九歌》也是楚祭东皇太一时所用的乐曲，而《九歌》中九章的地理分布，如上文所证，又恰好不出赵代秦楚四周的范围，然则我们推测《九歌》中九章即《汉志》所谓"赵代秦

楚之讴",是不至离事实太远的。(闻一多《什么是九歌》)

胡适和闻一多等提出的"民间祭歌"与"楚郊祀歌"两说,使我们在对《九歌》性质的认识上有了一个飞跃。不过这两种说法仍然受到了古人的影响,还是将《九歌》仅仅看作是楚地的作品,也就是将《九歌》当作祭祀楚神的作品。

我们分析一下《九歌》中所涉及的东皇太一、东君、云中君、河伯、司命、湘君、湘夫人、山鬼等神祇后,就可以发现除了湘君和湘夫人外,其余都不是楚地所特别祭祀的神祇。根据《史记·封禅书》的记载,西汉初年时:

> 长安置祠祝官、女巫。其梁巫,祠天、地、天社、天水、房中、堂上之属;晋巫,祠五帝、东君、云中(《汉书·郊祀志》作"云中君"——引者注)、司命、巫社、巫祠、族人、先炊之属;秦巫,祠社主、巫保、族累之属;荆巫,祠堂下、巫先、司命、施糜之属;九天巫,祠九天:皆以岁时祠宫中。其河巫祠河于临晋,而南山巫祠南山秦中。秦中者,二世皇帝。各有时日。

（明）文徵明《湘君湘夫人图》

可见东君、云中君、司命、河伯诸神均非楚地之神。孔子曾经说过："非其鬼而祭之，谄也。"（《论语·为政》）因此，如果《九歌》仅为楚地作品的话，那么文中就不可能出现这么多的非楚地的神祇。

虽然闻一多、孙作云将《九歌》当作楚地作品有误，但他们认为《九歌》是郊祀歌的观点却极有见地。

（2）舞雩

《礼记·乐记》说："歌，咏其声也；舞，动其容也。"在古代人的生活中，歌舞是一种很重要的艺术形式，尤其是舞蹈，从马格德林文化时期的绘画中我们可以知道，早在旧石器时代晚期，舞蹈就已经出现了。歌舞也是一种重要的祭祀仪式。由于古代人认为人间的婚丧、作物的丰歉等都与神灵有

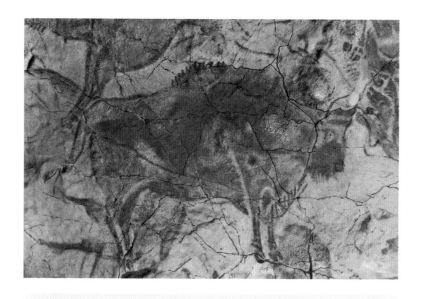

野牛图

西班牙阿尔塔米拉洞窟壁画，马格德林文化时期艺术的代表

关，所以凡是遇到重大的活动，人们都要歌咏舞蹈以娱神。王逸《九歌序》就说楚地"其祠必作乐鼓舞以乐诸神"。又如澳大利亚阿兰达部落有一种叫"印蒂齐乌玛"的图腾仪式，人们在举行仪式时，就是一边跳舞，一边歌颂图腾。

上古时代，人们经常要祭祀天地山川等。《周礼·春官·大宗伯》说：

以吉礼事邦国之鬼神示，以禋祀祀昊天上帝，以实柴祀日、月、星、辰，以槱燎祀司中、司命、风师、雨师，以血祭祭社稷、五祀、五岳，以狸沉祭山林川泽，以疈（pì）辜祭四方万物。

然而，大自然是不以人的意志为转移的，虽然人们恭敬地礼奉神灵，灾祸仍然要降临人间。《诗经·大雅·云汉》说：

旱既大甚，蕴隆虫虫。

不殄禋祀，自郊徂宫。

上下奠瘗，靡神不宗。

后稷不克？上帝不临？

耗斁下土，宁丁我躬！

这是周宣王时祈神求雨的诗。诗中悲叹：旱情已越来越严重了，我们祭祀了上天和田祖，为什么神明还不显灵？这首诗反映了人们在旱灾时惶惶不安的恐惧心理，同时也是一首求上天怜悯的悲歌。而歌之不足便继之以舞，所以《诗大序》说："言之不足，故嗟叹之；嗟叹之不足，故咏歌之；咏歌之不足，不知手之舞之，足之蹈之也。"旱祭时的既歌且舞称作"舞雩"，《周礼·春官·女巫》说："旱暵（hàn）则舞雩。"

"雩"，就是呼号的意思。《礼记·月令》郑玄注释说："雩，吁嗟请求之祭也。"《尔雅·释训》："舞，号雩也。"郭璞注释说："雩之祭，舞者吁嗟而请雨。"《释文》引孙炎说："雩之祭，有舞有号。"《公羊传·桓公五年》何休注释说："使童男女八人舞而呼雩，故谓之雩。"卜辞记载：

（惟）亥羺盂田，又雨。（《殷契拾掇》385）

翌日庚，其秉，乃羺卬，至来庚，又大雨？（《殷契粹编》845）

至翊日其霝——于翊日乃霝。(《殷契粹编》847)

郭沫若解释说:"霝,当是雺之异,从雨,无声。霝亦会意,无,古文舞。"(《增订殷虚书契考释》)从字形上分析,雺其实就是求雨之舞。卜辞中有许多舞而求雨的记载:

舞,屮雨。(《殷虚书契前编》7.32.2)

今日舞屮雨——今日舞亾(雨)。(《铁云藏龟》120.3)

乎(呼)多老舞——勿乎多老舞——王占曰:其屮雨。(《殷虚书契前编》7.35.2)

求雨之祭用"舞",也用"号"。《天问》说:

萍号起雨,何以兴之?

王逸注释说:"萍,萍翳,雨师名也。号,呼也。兴,起也。言雨师号呼,则云起而雨下,独何以兴之乎?"《周礼·春官·小祝》说：

> 小祝，掌小祭祀将事侯禳祷祠之祝号，以祈福祥，顺丰
> 年，逆时雨，宁风旱……

那么，舞雩之祭到底用的是什么样的舞与歌（号）呢？

（3）《九招》《九歌》——旱祭之歌舞

《九招》，又称《九韶》《韶》，招、韶古字相通。《离
骚》说：

> 奏《九歌》而舞《韶》兮，聊假日以娱乐。

王逸注释说："《九歌》，《九德》之歌，禹乐也。《韶》，《九
韶》，舞乐也，《尚书》箫韶九成是也。"历代注疏家也大多以
《九歌》《九招》为禹之歌舞。笔者认为，《九歌》《九招》应该
是用于旱祭时的歌舞。

卜辞有所谓"隶舞"，兹引录如下：

庚寅卜，辛卯隶舞，雨。〔庚寅卜〕，壬辰隶舞，雨。庚寅卜，癸巳隶舞，雨。庚寅卜，甲午隶舞，雨。(《殷墟文字甲编》3069）

□午卜，宾隶于示王。(《龟甲兽骨文字》1.13.10）

贞隶岳。(《铁云藏龟拾遗》2.10）

甫商隶。(《戬》37.7）

甫□隶。(《戬寿堂所藏殷虚文字》37.11）

□未卜宾：隶于示壬。(《甲骨文字诂林》1.13.10）

陈梦家认为："隶舞者，后代之代舞也，隶代二字音近义通，故相假借。"(《商代的神话与巫术》)《山海经·海外西经》说：

大乐之野，夏后启于此儛《九代》。

郝懿行注释说：

《九代》，疑乐名也。《竹书》云："夏帝启十年，帝巡狩，舞《九韶》于大穆之野。"《大荒西经》亦云："天穆之野，启

夏后启

（东晋）郭璞注、（明）蒋应镐绘图《山海经》，明崇祯时期刊本

始歌《九招》。"招"即"韶"也。疑《九代》即《九招》矣。
（《山海经笺疏》）

郝懿行的解释是正确的。《九代》又即《九辩》。《九歌》"传
芭兮代舞"王逸注释说："代，更也。"《正韵》也说："代，更
世、替也。"而辩也是更的意思。《九辩序》说："辩，变也。"
《说文解字》说："变，更也。"《山海经·大荒西经》说：

西南海之外，赤水之南，流沙之西，有人珥两青蛇，乘两龙，名曰夏后开。开上三嫔于天，得《九辩》与《九歌》以下。此天穆之野，高二千仞，开焉得始歌《九招》。

"得始"，清代学者王念孙校为"始得"。又前文既然说"得《九辩》与《九歌》以下"，那么最后一句"歌"字之前应当脱"九"字，最后一句话应该是"开焉始得《九歌》《九招》"。此经前言《九辩》，后言《九招》，可以证明《九招》就是《九辩》。

总上所论，我们可知《九招》《九辩》《九代》就是商代所谓求雨的隶舞。《离骚》"奏《九歌》而舞《韶》兮"，说明《九歌》为旱祭之歌，而《九招》则为旱祭之舞。所以《九歌》与《九招》每每并言。《周礼·春官·大司乐》："九德之歌，九磬之舞。"磬、韶古字相通。

王逸《九歌序》说屈原"出见俗人祭祀之礼，歌舞之乐，其词鄙陋，因为作《九歌》之曲"。屈原的《九歌》虽然根据民间的《九歌》进行再创作，但仍然保留了祭歌的面貌，其中如东皇太一（上帝）、云中君、湘君、湘夫人、东君、河伯等，都是司风雨水旱之神。

卜辞屡有"帝令雨"之辞，令雨即赐雨。《湘君》说："令沅湘兮无波，使江水兮安流！"这两句是祈求湘君不要使江河泛滥，也就是《周礼·春官·小祝》所谓"逆时雨，宁风雨"，宁，是祓禳之专祭。

但是，《九歌》及《九招》这种旱祭时的舞乐到了春秋战国时就逐渐有妄加附会者。《左传·文公七年》晋郤缺对赵宣子说：

> 《夏书》曰："戒之用休，董之用威，劝之以《九歌》，勿使坏。"九功之德皆可歌也，谓之《九歌》。六府、三事，谓之九功。水、火、金、木、土、谷，谓之六府；正德、利用、厚生，谓之三事。义而行之，谓之德、礼。无礼不乐，所由叛也。若吾子之德莫可歌也，其谁来之？盖使睦者歌吾子乎？

晋郤缺把"德"的概念与《九歌》联系起来，显然非常牵强。自战国时起，更有将《九招》误为乐曲者。《吕氏春秋·仲夏纪·古乐》说：

> 帝喾命咸黑作为声歌，《九招》《六列》《六英》……

周人的"礼乐"包括舞乐声歌。孔子称《韶》舞为乐,《论语·卫灵公》说:

> 颜渊问为邦。子曰:"行夏之时,乘殷之辂,服周之冕,乐则《韶》舞。"

然而战国时人不能明辨,《吕氏春秋·仲夏纪·古乐》于是称《九招》为"声歌",而后世注疏家也以讹传讹。

(4)《九招》初探

《韶》舞久已亡佚,兹试从舞仪、舞饰、舞具及舞蹈人数诸方面略加探讨,以窥其原貌。

a. 舞仪

《九招》《九歌》是旱祭时娱神的,所以就被后人视作天帝之舞乐。《庄子·天下》说:"舜有《大韶》。"先民在献《九招》《九歌》于天帝、祖先以祈雨求丰年时,要进行一番祀礼。《天问》说:

> 启棘宾商,《九辩》《九歌》。

"宾"通"嫔","商"为"帝"字之形讹。这两句是说，夏启急急地献嫔于上帝，得到了《九辩》和《九歌》。《山海经·大荒西经》说：

> 开上三嫔于天，得《九辩》与《九歌》以下。

郭璞注释说："嫔，妇也，言献美女于天帝。"郭璞释嫔为妇，没有问题；又释为美女，则有误。所谓献嫔于帝者，就是焚巫尪（wāng）。

上古时代遇到旱灾，常常焚人以祭天祈雨。《左传·僖公二十一年》说：

> 夏，大旱，公欲焚巫尪。

杜预注释说：

> 巫尪，女巫也，主祈祷请雨者。或以为尪非巫也，瘠病之人，其面上向，俗谓天哀其病，恐雨入其鼻，故为之旱，是以公欲焚之。

《礼记·檀弓下》说：

岁旱，穆公召县子而问然，曰："天久不雨，吾欲暴尪
而奚若？"曰："天久不雨，而暴人之疾子，虐，毋乃不可
与？""然则吾欲暴巫而奚若？"曰："天则不雨，而望之愚妇
人，于以求之，毋乃已疏乎？"

《春秋繁露·求雨》说：

春旱求雨……暴巫聚尪八日……秋暴巫尪至九日。

由此可知焚巫尪就是焚女巫与疾残之人以献于天帝。《天问》
"启棘宾商"，即谓启焚巫尪以享天帝。

b. 舞饰

《尚书·皋陶谟》说：

夔曰："戛击鸣球，搏拊琴瑟以咏。祖考来格，虞宾在
位，群后德让。下管鼗（táo）鼓，合止柷敔（yǔ），笙镛以

间，鸟兽跄跄。箫韶九成，凤皇来仪。"夔曰："于！予击石拊石，百兽率舞。"

这段文字是描写祭祀与庆典场面的，嘉宾们纷纷入场就座，于是乐官夔指挥奏乐，鸟兽跳起了《韶》舞；舞乐正酣时连凤凰也赶来起舞。这类鸟兽起舞的文字，先秦文献中屡见。《吕氏春秋·仲夏纪·古乐》说：

帝喾乃令之抃或鼓鼙，击钟磬，吹苓展管篪（chí），因令凤鸟天翟舞之……乃拊石击石……以致舞百兽。

但是，在"祖考来格，虞宾在位"的场面下，怎么会有舞蹈的鸟兽呢？旧说这是因为古帝王的盛德感动了鸟兽。事实上，这些舞蹈的鸟兽都应当是舞师所扮。北美印第安人有模仿熊、犬、野牛等动物的舞蹈；澳大利亚人摹拟动物的舞蹈也很多，如蛙舞、犬舞、鸵鸟舞、蝴蝶舞等。他们把动物的毛皮装饰在头上或身上，或干脆把动物捆在身上，模仿动物的样子，且歌且舞。《韶》舞就是类似的模仿动物的舞蹈，舞蹈时要装扮成各种动物的模样。这也同所谓"鹤舞"一样。《楚辞·七谏·怨世》说：

五代十国线绣三星图轴

图中有鹿、鹤等代表吉祥的
动物翩翩起舞

　　玄鹤跱翼而屏移。

洪兴祖补注引《山海经》佚文说：

　　雷山有玄鹤，粹黑如漆，其寿满三百六十岁，则色纯黑。昔黄帝习乐于昆仑山，有玄鹤飞翔。

这就是鹤舞。此类模仿动物的舞蹈，在文献记载中尚多。

　　c. 舞具

　　《山海经·海外西经》记载夏后启在大乐之野舞《九代》，说：

　　乘两龙，云盖三层。左手操翳，右手操环，佩玉璜。

"翳"，指舞蹈者所持用羽毛做的扇形舞具。《急就篇》颜师古注释说：

　　翳，谓凡鸟羽之可隐翳者也，舞者所持羽翿（dào）以自

隐翳，因名曰翳……今之雉尾
扇，是其遗象。

西汉彩绘陶舞俑图
陕西省西安市白家口出土

"翳"也就是"翿,《说文》曰：
"翿，所以舞也。"《尔雅》郭
璞注释说："舞者所以自蔽翳。"
也就是"翢"。《尔雅》邢昺注
释说："翢，纛也，翳也。李巡
曰：'翢，舞者所持纛也。'孙
炎曰：'纛，舞者所持羽也。'"

《韶》舞需要借助羽扇，这有点类似于现代的扇舞。《韶》
舞之羽扇皆执于左手。《海外西经》说"左手操翳"是其证。
《诗经·王风·君子阳阳》说：

君子阳阳，

左执簧，右招我由房。

其乐只且！

君子陶陶，

> 左执翳，右招我由敖。
>
> 其乐只且！

这是描写舞师与乐师共同歌舞的诗。舞师跳得兴起，一会儿左手执笙簧，右手招呼乐师奏"由房"的曲子；一会儿左手又换了羽旄，右手招呼乐师奏"由敖"的曲子，跳起了《韶》舞。我们从这几句诗中知道，舞师跳《九招》时是以左手执羽扇，而右手则是用来指挥的。《九招》的"招"就有"指麾"的意思。《远游》"建虹采以招指"，王逸注释说："招指，指麾也。"

d. 舞蹈人数

舞雩的人数最初应是不固定的，但是随着礼乐制度的发展，舞蹈人数也就被统一起来了。商代的舞雩人数今已不可考，而周代的则尚可于文献中求之。《左传·隐公五年》说：

> 考仲子之宫，将万焉。公问羽数于众仲。对曰："天子用八，诸侯用六，大夫四，士二。夫舞所以节八音而行八风，故自八以下。"

"万"就是《韶》舞。《路史·后纪十四》引古本《竹书纪年》说：

> 启登后九年，舞《九韶》。

《墨子·非乐篇》说：

> 于《武观》曰："启乃淫溢康乐，野于饮食，将将铭，苋磬
> 以方，湛浊于酒，渝食于野，万舞翼翼，章闻于天，天用弗式。"

由此可知万舞即为《韶》舞。根据《左传》所载可知，周代按
等级以八、六、四、二的标准来规定舞蹈人数。不过，这种舞
蹈人数的制度并不严格，一般的舞蹈人数惯用"二八"。《招
魂》"二八侍宿"王逸注释说："言大夫有二列之乐，故晋悼
公赐魏绛女乐二八。"《招魂》又说："二八齐容，起郑舞些。"
《穆天子传》说："舞白鹤二八。"《韩非子·十过》说："有玄
鹤二八……三奏之，延颈而鸣，舒翼而舞。"《公羊传·桓公五
年》"大雩"何休注释说："使童男女各八人舞而呼雩。"说明
在一般情况下，雩舞的时候都用"二八"之数。

春秋战国时期，礼乐制度分崩离析，出现所谓"僭越"现象。鲁国的季氏"八佾舞于庭"，所以孔子气愤地说："是可忍也，孰不可忍也！"（《论语·八佾》）

从以上的论述中，我们对《山海经》里的神话内容有了初步的认知。神话传说的产生都有其特定的历史背景以及特定的内涵，如关于治水的神话，尼罗河的洪水与播种季节可以错开，所以洪水对于古埃及人而言意味着丰收，因为洪水带来的淤泥可以给农作物提供充足的养分，所以他们祈求洪水，祭司们会举行仪式，以确保洪水的到来。但中国的洪水季节则与耕种季节重叠，所以洪水就意味着天灾，治水的神话也因此产生。

随着岁月的流逝，上古时期的神话传说难免大量散佚，虽然仍有不少幸存至今，但毕竟时过境迁，后人如要准确解读这些神话传说，就必须进行仔细的考证研究。

上古社会有其进步的过程，所以创世神话也有其渐次演进的特点。

以鲧、禹治水神话而言，众所周知的内容是鲧因堵水而失败，禹因疏导而成功。但根据顾颉刚的研究，在初始的鲧、禹治水神话中，他们所采用的方法其实并无二致，都是堵水，直至战国时代才衍生出大禹疏水的内容，因为水利疏浚的技术是战国时代才出现的。由此可见，大禹治水神话由堵到疏，其内容的演变，恰与中国古代水利技术的进步过程相吻合。

神话因时代的进步而演进，所以其产生的时代大多有迹可循，而不应笼统对待。如关于共工怒撞不周山的神话，《淮南子·天文训》说："昔者共工与颛顼争为帝，怒而触不周之山，天柱折，地维绝，天倾西北，故日月星辰移焉；地不满东南，故水潦尘埃归焉。"这则神话的产生时代，应该是在古人对中国的地貌特征及水流特征有了全面的了解之后。中国的地形地势是西部高而东部低，主要的水系大多东流，即所谓"地不满东南，故水潦尘埃归焉"。因此，这则神话的时代应当不会早于战国。

解读神话，可以更近距离地探索古代世界，感受古人的精神世界。

四 《山海图》探源

《山海经》古时有图，不过《山经》《海经》与图绘的关系并不相同，兹分述如下。

1.《山经》与图的关系

《山经》以地理为主，应与地图有着密切的关系。清代学者孙星衍曾经有制作《五藏山经图》的构想，他说："星衍尝欲为《五藏经图》，绘所知山水，标今府县，疑者则阙，顾未暇也。"（《〈山海经新校正〉后序》）这个工程过于浩大，恐怕不是个别学者所能承担的，所以孙星衍的设想最终没能付诸行动。

我国地图的起源很早。《尚书·洛诰》载周公对成王说：

予惟乙卯朝至于洛师，我卜河朔黎水。我乃卜涧水东，瀍水西，惟洛食。我又卜瀍水东，亦惟洛食。伻来以图及献卜。

这是说周公为营建洛邑选址，分别在涧水以东、瀍水以西及瀍水以东的地方卜到了吉兆，于是派人将卜兆及地图献给成王看。这是文献中最早提到地图的记载。

周代设有专门掌管地形测量之官，并有多种测量之法。《周礼·大司徒》说：

以土圭之法测土深，正日景以求地中。日南，则景短，多暑；日北，则景长，多寒。日东则景夕，多风；日西则景朝，多阴。

以土会之法辨五地之物生。一曰山林，其动物宜毛物，其植物宜皂物，其民毛而方。二曰川泽，其动物宜鳞物，其植物宜膏物，其民黑而津。三曰丘陵，其动物宜羽物，其植物宜核物，其民专而长。四曰坟衍，其动物宜介物，其植物宜荚物，其民皙而瘠。五曰原隰，其动物宜裸物，其植物宜丛物，其民丰肉而庳。

以土宜之法辨十有二土之名物，以相民宅，而知其利害，以阜人民，以蕃鸟兽，以毓草木，以任土事。辨十有二壤之物，而知其种，以教稼穑树艺。

以土均之法辨五物九等，制天下之地征，以作民职，以令地贡，以敛财赋，以均齐天下之政。

周代以土圭、土会、土宜、土均之法分析土壤，辨别物种、区划环境，其测量的手段已较为成熟，所以可以判断周代的地图已经能够达到较高的水平。周代各类地图都有专人职掌，《周礼》说：

大司徒之职，掌建邦之土地之图与其人民之数，以佐王安扰邦国。以天下土地之图，周知九州之地域、广轮之数，辨其山林、川泽、丘陵、坟衍、原隰之名物。(《大司徒》)

土训掌道地图，以诏地事。道地慝，以辨地物而原其生，以诏地求。(《土训》)

职方氏掌天下之图，以掌天下之地，辨其邦国、都鄙、四夷、八蛮、七闽、九貉、五戎、六狄之人民与其财用、九谷、

六畜之数要，周知其利害。(《职方氏》)

　　司书掌……邦中之版，土地之图，以周知出入百物，以叙其财，受其币，使入于职币。(《司书》)

这说明周代的地图制作已经比较发达，不仅可以辨知山林、川泽、丘陵、道路，而且还可周知各地的粮食、牲畜与所出财用。

　　而《山经》的主要内容，正在于山川道里及各地所出之财用。因此《山经》的写作必有本于这类地图。范祥雍曾指出："《五藏山经》文字质朴，叙述有系统，公认为书内（指整部《山海经》——笔者注）最古部分，疑是有当时官府图籍作根据。"(《〈山海经笺疏〉补校》附编《〈山海经〉古今篇目考补正》) 这是合理的推论。或许《山经》每篇之后原本都附有地图，但可惜至今都已散佚。

2.《海经》与图的关系

　　《海经》纯粹是图绘之解说，这一点可以从其内容中反映出来。如"两手各操一鱼"(《海外南经》)、"其人两手操卵食之，两鸟居前导之"（《海外西经》）、"食人从首始，所食被发"（《海内北经》）、"两手操鸟，方食其头"（《大荒东经》），这种叙事方式，无疑是在对图绘进行诠释。因此，《海经》的主体应该是图，而今存的文字内容则只是图的说明。而且，《海经》是先有图后有文字。

兹引几段《海经》的文字，略窥其端倪：

兕在舜葬东，湘水南，其状如牛，苍黑，一角。（郝懿行案："皆说图画如此。"）（《海内南经》）

兕

《清宫兽谱》

兕

《怪奇鸟兽图卷》，约绘制于日本江户时期，成城大学图书馆藏

　　雨师妾在其北，其为人黑，两手各操一蛇，左耳有青蛇，右耳有赤蛇。(《海外东经》)

　　有人方扜（yū）弓射黄蛇，名曰蜮人。(《大荒南经》)

　　有人方耕，名曰叔均。(《大荒西经》)

　　有女子方浴月。帝俊妻常羲，生月十有二，此始浴之。(《大荒西经》)

所谓"其状如牛""方扜弓""方耕""方浴月"之类，都是《海经》注解图绘的明确证据。郭璞注《山海经》时提到的"畏兽""仙人"之图，与今传《山海经图》（分"灵祇""异域""兽族""羽禽""麟介"五种图）类似，应该是汉晋时人在古图亡佚的情况下，根据经文补画的，由于不能将所有的神祇禽兽补全，所以只能将补作之图分门别类附于经文之后。

　　茅盾认为《山海经》是周人杂抄神话之作的产物，后来因要托名伯益所撰，必须模仿《禹贡》的体裁，所以才"割碎"神话，成为无系统的记载了，这是《山海经》的"一大缺点"(《神话研究》)。这个观点有失当之处，《山海经》的神话并非没有系统，只是因为《海经》是释图之作，所以才显得凌杂。

3.《山海图》管窥

《山海图》亡佚已久，其原貌如今已不得而知，我们现在只能从《山海经》的文字中略窥其一斑。

其一，《山海图》应是着色的彩图。这一点可从《山海经》的文字中得到明确的证明，如：

截（zhì）国在其东，其为人黄。（《海外南经》）

不死民在其东，其为人黑色。（《海外南经》）

灭蒙鸟在结匈国北，为鸟青，赤尾。（《海外西经》）

博父国在聂耳东，其为人大，右手操青蛇，左手操黄蛇。（《海外北经》）

北方禺强，人面鸟身，珥两青蛇，践两青蛇。（《海外北经》）

东海之渚中，有神，人面鸟身，珥两黄蛇，践两黄蛇。（《大荒东经》）

有白鸟，青翼、黄尾、玄喙。有赤犬，名曰天犬。（《大荒西经》）

所谓"为人黄""为鸟青""青蛇""黄蛇""玄喙"之类，都

《人物龙凤帛画》　　　　　　　　《人物御龙帛画》

长沙出土的战国帛画　　　　　　　长沙出土的战国帛画

说明《山海图》应是着彩的图绘。《山海图》的内容比较复杂，因此其绘制的技法应该有着相当高的要求。从出土的帛画看，战国时期的绘画艺术已经相当成熟。以楚帛画中最有代表性的《人物龙凤帛画》《人物御龙帛画》为例，这两幅帛画"充分展示了战国肖像画的特点。人物肖像皆作全身立像，而且都用正侧面的形象表现。这种艺术处理办法，和现今街头剪影艺人所采用的方法相仿佛，大概是由于正侧面的容貌轮廓最清晰，人物特征最鲜明的缘故。帛画中的人物形象，仪容肃穆，比例匀称，姿态生动。此外，女子衣袖边缘用彩锦作装饰，男子头戴切云高冠……从绘画技巧来看，《人物龙凤帛画》比较拙稚而富有装饰性；《人物御龙帛画》在设色、勾线等方面，已具有很高的艺术造诣。单线勾勒的笔触，显得刚健挺拔、遒劲有力、云流风动；平涂和渲染兼用的设色方法，具有典雅庄重的格调。因此，长沙出土的这两幅战国帛画，堪称中国古代肖像画发展过程中极为重要的里程碑"（汤池《绘影图形的楚墓帛画》）。战国时期绘画艺术的高度发达，是《山海图》创作绘制的基础。

其二，《山海图》分为两幅：一为海外，一为海内。

有学者曾经认为："《山海经》有部分图像可能是以类分组"，"分组方式不受卷次和经文序列限制。"（萧兵《楚辞文化》）这种观点显然不正确。《海经》的文字，尤其是《海外经》《海内经》部分，叙述井井有条，次序极为分明，如说"某国在某国之东""某地在某地之北"，说明《山海经》的图像是依次排列的，根本不可能像现在所传《山海图》那样是以类分组的。从《海外经》四篇的文字情况看，这四篇所释应是一个整幅之图。比如《海外南经》起自结匈国，说："结匈国在其西南，其为人结匈。"文中的第一个"其"字，指的是《海外西经》起首的"灭蒙鸟"，《海外西经》说："灭蒙鸟在结匈国北。"结匈国与灭蒙鸟虽然分别在南、西两经，但他们实际却处于同一方位。《海外南经》的这个"其"字说明，《山海图》并不是一经一图，其海外四篇所释应是一幅整图，所以释图者可以用一个"其"字来代表见于另一经中的图像。同样，海内四篇所释也应是一幅整图。

其三，关于《海外经》《海内经》与《大荒经》以下五篇对《山海图》的释读情况。

袁珂在注《海外南经》时说：

《山海经·海外》各经已下文字，意皆是因图以为文，先有图画，后有文字，文字仅乃图画之说明……故此标题亦从图画之顺序而曰"海外自西南陬至东南陬者"，或"海内东南陬以西者"（《海内南经》）。已下各篇均同此。（《山海经校注》）

情况的确如此，《海经》各篇的文字均以图画之排列为顺序。不过《海外经》《海内经》与《大荒经》以下五篇对图画说明的次序各不相同。我们先看《海外经》和《海内经》的释图顺序：

《海外南经》是"海外自西南陬至东南陬者"；

《海外西经》是"海外自西南陬至西北陬者"；

《海外北经》是"海外自西北陬至东北陬者"（笔者按：原文作"海外自东北陬至西北陬者"，有误，今从《山海经校注》改）；

《海外东经》是"海外自东南陬至东北陬者"；

《海内南经》是"海内东南陬以西者"；

《海内西经》是"海内西南陬以北者"；

《海内北经》是"海内西北陬以东者";

《海内东经》是"海内东北陬以南者"。

由上可知,《海外经》四篇与《海内经》四篇都以南、西、北、东的方位为序;《海外经》四篇的释图方向则不一致,《海外南经》与《海外北经》都是自左向右,而《海外西经》与《海外东经》则都是自下而上;《海内经》四篇释图的方向则完全一致,依次自左向右、自下而上,再自右向左、自上而下,其释图方向与各经的排列顺序也是相同的。

《大荒经》以下五篇的内容较为凌乱,而且释图的方向文中也没有明确说明。《大荒经》四篇的方位以东、南、西、北为序,其释图方向可根据经中的内容判断如下:《大荒东经》自南向北(由下而上),《大荒南经》自西向东(由左向右),《大荒西经》是自北向南(从上而下),《大荒北经》是自东向西(从右向左)。《大荒经》四篇的释图方向一致,却与各经排列方位的顺序相反。《海内经》一篇原来应该也分东、南、西、北四经,可能因为佚简太多,才被后人编为一篇,可以推测的是,其方位顺序与释图方向大致与《大荒经》四篇的情况略同。

刘歆校理《山海经》时收集了三十二篇各种本子，从上面我们所分析的《海外经》《海内经》与《大荒经》以下五篇对《山海图》的释读情况看，刘歆所依据的本子已无完璧，所以他只能杂糅各种本子，以求最大限度地恢复《山海经》的原貌。而各种本子对《山海经》的释读又不相同，这就造成了我们目前所看到的这部《山海经》中，《海经》各篇对原图的释读存在着很多不一致的地方。

4.《山海图》的流传与亡佚

《山海经》最初是图与经二者相辅并行的。关于《山海图》亡佚的时间，现在只能根据有限的材料加以推测。

《山海图》在汉武帝时应该还曾有流传，刘安的门客就曾取材于《山海图》。《淮南子·地形训》说：

凡海外三十六国：自西北至西南方，有修股民、天民、肃慎民、白民、沃民、女子民、丈夫民、奇股民、一臂民、三身民。自西南至东南方，结胸民、羽民、讙头国民、裸国民、三苗民、交股民、不死民、穿胸民、反舌民、豕喙民、凿齿民、三头民、修臂民。自东南至东北方，有大人国、君子国、黑齿民、玄股民、毛民、劳民。自东北至西北方，有跂踵民、句婴民、深目民、无肠民、柔利民、一目民、无继民。

这里所说的方民，除去个别的之外，大致与《海外经》四篇相同。郝懿行认为："《淮南·地形训》海外三十六国，俱本此经文（指《海外经》——笔者注）。"（《山海经笺疏》卷六）这种看法似是而非。准确地说，这段文字应是根据《山海图》为说。《地形训》说海外之国，以西、南、东、北四个方位为序；诸国的叙述方向，起自西北，渐次至西南、至东南、至东北、再至西北。将其与《海外经》四篇相比较，就可以发现二者方位排列正好相反，而西、北二方的叙述方向也完全颠倒。因此，《地形训》根据的不可能是《海外经》四篇。毕沅对《地形训》与《海外经》四篇存在的不同情况早已有所注意，他说：

（《淮南子·地形训》）起自西北至西南方，次自西南至东南方，次自东南至东北方，次自东北至西北方，与此（指《海外

经》——笔者注）异也者……（《山海经新校正》卷六）

所以他认为："是汉时犹有《山海经图》，各依所见为说，故不同也。"（《山海经新校正》卷七）他的看法非常正确。所以说，刘安及其门人在编写《淮南子》时，参考的是《山海图》。由此也可以判断，《山海图》在汉武帝时尚未亡佚。

《山海图》亡佚的时间大致可以推定是在汉宣帝至汉成帝之间。有学者提出，《汉书·艺文志》所载某书图若干卷，都是指用帛绘制的图，并指出："唯图绘之作，竹简窄小，不适于用，实以缣帛为宜。然则《志》于原目曰'篇'者，竹简；于图则曰'卷'者，缣帛也。"（陈槃《先秦两汉帛书考》）正因为刘歆校经时没有见到过图，所以《汉书·艺文志》著录《山海经》时说"篇"而不说"卷"，而刘歆在《上〈山海经〉表》时也称"篇"。

《海外经》《海内经》中往往有"一曰"云云者，毕沅认为：

凡"一曰"云云者，是刘秀校此经时附著所见他本异文也。旧乱入经文，当由郭注此经时升为大字。（《山海经新校正》卷六）

这说明刘歆校经时，《山海图》的释文有好几种本子。但因无原图可资参考，所以往往只能将异说附录于正文之后。《海外南经》说：

> 羿持弓矢，凿齿持戟盾（笔者按：原文脱"戟"字，从《太平御览》卷三百五十七引文补）。一曰戈盾（笔者按：原文脱"盾"字）。

如果说刘歆校经时图尚未亡佚，则刘歆自可据图而知凿齿所持的是"戟"还是"戈"，不必另附"一曰"于后，说明刘歆未曾见到图。《海内北经》说：

> 鬼国在贰负之尸北，为物人面而一目。一曰贰负神在其东，为物人面蛇身。
>
> 穷奇状如虎，有翼，食人从首始……一曰从足。
>
> 环狗，其为人兽首人身。一曰蝟（wèi）状如狗，黄色。

从这几则文字可知，《山海图》释文的几种本子有时存在很大差异，而刘歆因无原图可以校勘，只得附异说于文后。由此可

穷奇

《清宫兽谱》

穷奇

《怪奇鸟兽图卷》，约绘制于日本
江户时期，成城大学图书馆藏

以推断，《山海图》亡佚的时间当在刘向、刘歆父子校经之前，
也就是汉宣、成二帝之间。

《山海图》亡佚于西汉后期，所以自东汉开始，学者们就
再也没能看到《山海图》了。《后汉书·循吏列传》说：

> 永平十二年，议修汴渠，乃引见景，问以理水形便。景陈
> 其利害，应对敏给，帝善之。又以尝修浚仪，功业有成，乃赐
> 景《山海经》《河渠书》《禹贡图》，及钱帛衣物。

汉明帝赏赐给王景的几部书中，只有《禹贡》是有图的，说明在东汉之初就连宫廷中也确实见不到《山海图》了。

东汉著名学者王充有"博通"的赞誉。《后汉书·王充列传》说："（王充）好博览而不守章句。家贫无书，常游洛阳市肆，阅所卖书，一见辄能诵记，遂博通众流百家之言。"王充能够博通百家之言，所以他对《山海经》这部书也是了如指掌。《论衡·龙虚篇》说：

> 《山海经》言四海之外，有乘龙蛇之人。世俗画龙之象，马首蛇尾……以《山海经》言之，以慎子、韩子证之，以俗世之画验之，以箕子之泣订之，以蔡墨之对论之，知龙不能神，不能升天，天不以雷电取龙，明矣。

这段话说明王充也没有见到过《山海图》（或者说当时已见不到《山海图》了），所以他只能以"俗世之画"来验证龙的形状。又按《论衡·率性篇》说：

> 图仙人之形，体生毛，臂变为翼，行于云，则年增矣，千

岁不死。此虚图也。世有虚语，亦有虚图。假使之然，蝉娥之类，非真正人也。海外三十五国，有毛民、羽民，羽则翼矣。毛羽之民，上形所出，非言为道身生毛羽也……不死之民，亦在外国，不言有毛羽。毛羽之民，不言不死；不死之民，不言毛羽。毛羽未可以效不死，仙人之有翼，安足以验长寿乎？

王充为了驳斥世俗所画仙人图之"虚"，引用了《山海经》中毛民、羽民以及不死民的记载来进行论证，这些也都是他当时

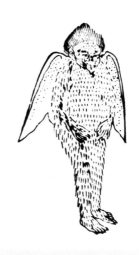

毛民国

（清）吴任臣《山海经广注》

羽民国

（清）吴任臣《山海经广注》

没有看到过《山海图》的证据。

高诱对《山海经》也相当熟悉，他在注《淮南子》时曾经屡次引用过，但是他恐怕也没有见到过图。如他在注《淮南子·地形训》"夸父弃其策"时说："夸父，神兽也……一曰仙人也。"因为没有《山海图》可以参考，所以高诱也不能确定夸父到底是"神兽"还是"仙人"。

根据以上分析，《山海图》在东汉时已经绝迹，这也可以间接证明其亡佚的时间，应当是在西汉后期。

5. 历代的补绘

（1）魏晋时期出现的《山海图》

魏晋间有好事者根据《山海经》的文字补绘了若干图画。

郭璞注《山海经》时看到了晚出的《山海图》，并为之作赞。有学者对郭璞所见之图进行了一些分析，并做了如下推测：

①《山海经》有部分图像可能是以类分组；

② 分组方式不受卷次和经文序列限制；

③ 并非所有物象都有"图解"；

④ 图像不会太多，不采连环画式，而采组合式、拼凑式，并非按经文顺序作插图，也不是每一经有一组或几组说明本经的图画，而是通盘考虑，分类配置，综合布置；

⑤ 所以，《山海经》为"注图"而作之说非是；

⑥《山海经》跟这种"组画"的关系与《天问》跟壁画的关系截然不同（笔者按：前者是"横向"分类归组式，后者是"纵向"顺序配合式）；

⑦ 所以，《山海经》跟《天问》的体制完全不同，著作时更无意于相互"配合"（笔者按：《天问》疑《山海经》，或《山海经》注《天问》之说均系臆测）；

⑧ 经、图经过分、合处理，疑非一时之作。

（《楚辞文化》）

如果说第一至第四条推测是作为对郭璞所见图的分析，无疑是非常正确的；但如果说把这些作为对《山海经》原图的分析，那就大错特错了。郝懿行认为"郭所见图即已非古""郭亦未见古图也"（《〈山海经笺疏〉叙》）。这是正确的看法。现在对郭璞所见之图略做分析。

从郭璞注《山海经》的情况看，他对所看到的《山海图》是不怎么重视的，甚至于还抱着疵议的态度。

首先，郭璞称其所见之图为"今图"，说明郭璞认为此图就是当时人所作。

其次，郭璞注经时，所释神怪的形貌大多据文中的内容或他书的记载，而不根据他所看到的图。如《西次四经》说：

> 又西三百里，曰中曲之山……有兽焉，其状如马，而白身黑尾，一角，虎牙爪，音如鼓音，其名曰駮（bó），是食虎豹。

郭璞注释说："《尔雅》说駮，不道有角及虎爪。駮亦在畏兽画中。"郭璞所看到的图中有駮，但是他不根据图来对勘经文，

驳

————————

《清宫兽谱》

驳

————————

《怪奇鸟兽图卷》，约绘制
于日本江户时期，成城大
学图书馆藏

而是根据《尔雅》，以至于疑莫能定。又如《海外西经》"西方
蓐收"，郭璞注释说："金神也，人面，虎爪，白毛，执钺。见
《外传》。"《国语·晋语二》说：

　　虢公梦在庙，有神人面白毛虎爪，执钺立于西阿之下，公
惧而走……召史嚚占之，对曰："如君之言，则蓐收也，天之
刑神也，天事官成。"

可知郭璞根据的是《国语》。又如《海外东经》说："朝阳之

谷，神曰天吴……其为兽也，八首人面，八足八尾。"郭璞注释说："《大荒东经》云十尾。"这些都足以说明，郭璞根本就不重视他所看到的图。

再次，郭璞注释时不仅对所见之图弃而不用，而且还多有疵议。如《南山经》说："有兽焉，其状如禺而白耳，伏行人走，其名曰狌狌。"郭璞注释说："禺似猕猴而大，赤目长尾，今江南山中多有。说者不了此物名禺，作牛字。图亦作牛形，或作猴，皆失之也。"直截了当地指出了所见图中的错误。

郭璞所见之图因为只是魏晋时人根据书中的内容进行揣测而画，所以不仅与古图相去已远，而且所画内容也不完全。《海外南经》之"狄山"有"离朱""吁咽"等物，郭璞在"离朱"下注释说："今图作赤鸟。"在"吁咽"下注释说："所未详也。"这表明魏晋时人对"吁咽"已经不能明了其义，所以图上也就无法画出来了。由此可知，郭璞所见只是一些单个的神怪画。

陶渊明曾经熟读过《山海经》，流览了那些补绘的《山海图》，为此他创作了十三首《读〈山海经〉诗》，其二说：

玉台凌霞秀，王母怡妙颜。

天地共俱生，不知几何年。

灵化无穷已，馆宇非一山，

高酣发新谣，宁效俗中言。

诗中所描绘的，显然是陶渊明所"流观"的《山海图》上的景象。但是根据《山海经》的记载，情况却绝非如此：

又西三百五十里，曰玉山，是西王母所居也。西王母其状如人，豹尾虎齿而善啸，蓬发戴胜，是司天之厉及五残。(《西次三经》)

西王母梯几而戴胜杖，其南有三青鸟，为西王母取食。(《海内北经》)

西海之南，流沙之滨，赤水之后，黑水之前，有大山，名曰昆仑之丘……其下有弱水之渊环之，其外有炎火之山，投物辄然。有人，戴胜，虎齿，有豹尾，穴处，名曰西王母。(《大荒西经》)

从以上文字可知，《山海图》中的西王母是一个"虎齿善啸"

清人《西王母瑶池会群仙图》中的西王母形象

的神人，她所居住的地方也是一个"投物辄然"的可怖场所。但陶渊明笔下的西王母却有着一副"妙颜"，所居也是"凌霞秀"的玉台。二者显然有着天壤之别。所以魏晋时的图与古图已相去甚远。

（2）魏晋以后出现的图

郭璞与陶渊明所看到的魏晋时图，不久也很快亡佚，于是又有梁张僧繇所画之图问世。张僧繇是吴郡吴中（今属江苏苏州）人，南北朝时期梁朝大臣，历官右军将军、吴兴太守，与顾恺之、陆探微、吴道子并称为画家四祖。传世作品有《五星二十八宿神形图》，现藏于日本大阪市立美术馆。

到了宋代，张僧繇之图也已残阙。宋真宗咸平二年（999），韩熙载门人舒雅据张僧繇的残图重新画为十卷。

郝懿行说："《中兴书目》云：'《山海经图》十卷，本梁张僧繇画，咸平二年，校理舒雅重绘为十卷，每卷中先类所画名凡二百四十七种。'是其图画已异郭、陶所见。"（《〈山海经笺疏〉叙》）

欧阳修有《读山海经图》一诗，诗中咏道：

> 夏鼎象九州，《山经》有遗载。
>
> 空蒙大荒中，杳霭群山会。
>
> 炎海积歊蒸，阴幽异明晦。
>
> 奔趋各异种，倏忽俄万态。
>
> 群伦固殊禀，至理宁一概？
>
> 骇者自云惊，生兮孰知怪？
>
> 未能识造化，但尔披图绘。
>
> 不有万物殊，岂知方舆大？

欧阳修所见应该就是舒雅之图。所谓"未能识造化，但尔披图绘"，说明欧阳修对舒雅之图的评价还是很高的，所以他认为从中可知方舆之大。

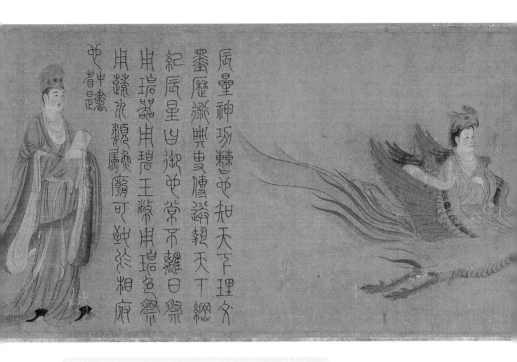

（南北朝）张僧繇《五星二十八宿神形图》局部

舒雅摹绘的《山海图》在宋元时有多处著录：

① 郑樵《通志·艺文略》著录《山海经图》十卷，题"宋朝舒雅等撰"。

② 晁公武《郡斋读书志》卷八《地理类》著录《山海经图》十卷，题：右皇朝舒雅等撰。雅仕江南，韩熙载门人也，后入朝数预修书之选。闽中刊行本或题曰'张僧繇画'，妄也。"

③ 王应麟《玉海》曰："《中兴书目》：'《山海经图》十卷本，本梁张僧繇画，咸平二年，校理舒雅铨次馆阁图书，见僧繇旧踪尚有存者，重绘为十卷。又载工侍朱昂《进僧繇画图表》于首。僧繇在梁以善画著。每卷中先类所画名，凡二百四十七种。'（原注：其经文不全见。《崇文目》同，舒雅修。《晁氏志》："图十卷，舒雅等撰，或题曰张僧繇画，妄也。"）……《书目》又有图十卷，首载郭璞序，节录经文而图其物，如张僧繇本，不著姓名。"

④ 马端临《文献通考·经籍考》引晁公武《郡斋读书志》

曰："皇朝舒雅等撰，雅仕江南，韩熙载之门人也，后入朝数预修书之选，闽中刊行本或题曰'张僧繇画'，妄也。"

舒雅之图后亦亡佚。

明清之时，补画之作甚多。明王崇庆所撰《山海经释义》附有图一卷，《四库全书总目提要》评价道："其图亦书肆俗工所臆作，不为典据。"清吴任臣所撰《山海经广注》附有图五卷，分为灵祇、异域、兽族、羽禽、鳞介五类，并自称得之"舒雅旧稿"。但是《四库全书总目提要》则认为："其说影响依稀，未之敢据。其图亦以意为之，无论不真出雅与僧繇。"此外，汪绂所撰《山海经存》也附有图。

袁珂《山海经校注》中附有插图 150 幅，其中 144 幅用吴任臣《山海广注》图，其余的用汪绂《山海经存》等书之图。

1.《山海经》的作者

《山海经》作者问题，自古及今说者不一，迄无定论，归纳起来大致有以下几种观点：禹、益作书说，禹鼎遗像说，夷坚作书说，缘解《天问》说，邹衍作书说及周，秦间人作书说等。在此选择古代学者的三种观点以及现代学者的一些研究成果进行介绍，借以一窥历代学者对《山海经》作者问题的研究脉络。

（1）古代学者的三种观点

a. 禹、益作书说

《山海经》的作者最初被认为是辅助大禹治水的益，由刘歆提出。刘歆在《上〈山海经〉表》中说：

　　《山海经》者，出于唐虞之际。昔洪水洋溢，漫衍中国，民人失据，崎岖于山陵，巢于树木。鲧既无功，而帝尧使禹继之。禹乘四载，随山刊木，定高山大川。益与伯翳主驱禽兽，命山川，类草木，别水土……禹别九州，任土作贡，而益等类物善恶，著《山海经》。

这是说人禹在治水时巡行四方，所以对各地的山川草木、珍禽异兽非常熟悉，等他平定九州后，他的助手益和伯翳就以所见所闻著成《山海经》。

　　根据文献记载，益与伯翳应是同一人。《史记·秦本纪》载秦人先祖大费曾与禹一起治水，"佐舜调驯鸟兽，鸟兽多驯服，是为柏（伯）翳"。司马贞注释说："寻检《史记》上下诸文，伯翳与伯益是一人不疑。"（《史记索隐》）杨宽经过考证后也认为："伯益、伯翳自是一人。"（《中国上古史导论》第十七篇附论"伯益与伯翳"）因此，刘歆将益与伯翳当作两人，或许是因为传说到西汉时出现了演化。

　　刘歆之所以提出禹平水土而益作《山海经》之说，其根据可能是禹治水时有周行天下的传说。《吕氏春秋·慎行论·求人》说：

禹东至榑（fú）木之地，日出九津，青羌之野，攒树之所，㛏天之山，鸟谷、青丘之乡，黑齿之国；南至交趾、孙朴续㯉（mán）之国，丹粟、漆树、沸水、漂漂，九阳之山，羽人、裸民之处，不死之乡；西至三危之国，巫山之下，饮露吸气之民，积金之山，其肱、一臂、三面之乡；北至人正之国，夏海之穷，衡山之上，犬戎之国，夸父之野，禹强之所，积水积石之山。

禹到过的地方很多，可以说是遍历九州，可想而知，他和助手们的见闻必然也极为丰富，所以古人很容易将《山海经》这部记载山川、物产、风土的古书作者与他们联系起来。顾颉刚就指出："在这段文字里，可注意的是《山海经》里的地点几乎都变成禹治水足迹所至的区域。这是后来禹作《山海经》的传说所由来。"（《鲧禹的传说》）或许刘歆也有希望通过禹这位圣人来抬高《山海经》地位的意思，将古籍作者托名为往圣前贤，这在古代很常见。

刘歆的说法在古代最为流行。赵晔《吴越春秋·越王无余外传》说：

（禹）乘四载以行川，始于霍山，徊集五岳。《诗》云："信彼南山，惟禹甸之。"遂巡行四渎，与益、夔共谋。行到名山大泽，召其神而问之山川脉理，金玉所有，鸟兽昆虫之类，及八方之民俗，殊国异域土地里数。使益疏而记之，故名之曰《山海经》。

王充《论衡·别通篇》也说：

> 禹、益并治洪水，禹主治水，益主记异物。海外山表，无远不至，以所闻见，作《山海经》。

由于《山海经》被看作是治水的产物，而禹又是治水的英雄，所以又有人直接把禹当作《山海经》的作者。张华《博物志》卷六"文籍考"说：

> 太古书，今见存有《神农经》《山海经》，或云禹所作。

郦道元《水经注》也说：

> 昔大禹记著《山海》。(《水经注序》)
>
> 禹著《山经》。(卷十)

《山海经》创之大禹，记录远矣。（卷三十九）

禹作《山海经》，或者益作《山海经》，两种说法其实并无多大区别，于是颜之推干脆就说："《山海经》，夏禹及益所记。"（《颜氏家训·书证篇》）

郭璞在注《山海经》时没有明言作者是谁，只是在《注〈山海经〉叙》中说："此书跨世七代，历载三千。"由夏至晋恰历七代，可见他也认为《山海经》是禹、益所作。因为《山海经》的作者在当时并没有人发生疑问，所以郭璞也就觉得没有必要再做特别的说明了。

禹、益作《山海经》说在唐代也非常流行。柳宗元《逐毕方文》说："问之禹书，毕方是祟。"禹书就是指《山海经》。

毕方鸟

《怪奇鸟兽图卷》，约绘制于日本江户时期，成城大学图书馆藏

《隋书·经籍志》说："后又得《山海经》，相传以为夏禹所记。"刘知幾《史通·杂述》也说："夏禹敷土，实著《山经》。"

自唐代以后，因为《山海经》中杂有秦汉时的地名，学者于是逐渐怀疑禹、益作《山海经》的可靠性。不过清代研究《山海经》的几位大家仍然秉持着旧说。吴任臣说：

> 《经》内纪仆牛、王亥、夏启、叔均，皆禹以后人；长沙、零陵、缑氏、番禺，皆秦汉时地名……非三代前语。要知《山海经》原系伯益所作，古本无多，后好事者因而粉饰傅会之，益复错杂不经。如概谓此经非古书，则疏属之尸、两面之人何以往往取验？自非禹、益神人不能撰也。（《山海经广注·读山海经语》）

吴任臣将那些秦汉时的地名都解释为后人的"粉饰傅会"之词，这种观点被坚信禹、益作《山海经》的学者所广泛采纳。毕沅说：

> 《山海经》作于禹、益，述于周秦，其学行于汉、明于晋……《五藏山经》三十四篇实是禹书。禹与伯益主名山川，

定其秩祀，量其道里，类别草木鸟兽。今其事见于《夏书·禹贡》、《尔雅·释地》及此经《南山经》已下三十四篇……《列子》引夏革云、吕不韦引《伊尹书》云，多出此经。二书皆先秦人著，夏革、伊尹又皆商人，是故知此三十四篇为禹书无疑也。(《〈山海经新校正〉序》)

毕沅在肯定《山海经》为禹、益所作的同时，又因为《大荒经》以下五篇中提到了成汤、王亥等殷周时人，于是将这五篇的作者指为刘歆(《山海经新校正·山海经古今本篇目考·十八篇刘秀所增》)。郝懿行的观点与毕沅基本相同，他说：

《艺文志》不言此经谁作，刘子骏《表》云'出于唐虞之际'，以为'禹别九州，任土作贡，而益等类物善恶，著《山海经》'。王仲任《论衡》、赵长君《吴越春秋》亦称禹、益所作……今考《海外南经》之篇而有说文王葬所，《海外西经》之篇而有说夏后启事。夫经称夏后，明非禹书；篇有文王，又疑周简，是亦后人所羼也。(《〈山海经笺疏〉叙》)

郝懿行也和吴任臣一样，将足以使人对禹、益作《山海经》之说产生怀疑的文字一律断为后人所羼入。但这种方法似嫌武断。

现代学者对禹、益作《山海经》说基本上持否定态度，但也有个别学者仍因循旧说。如顾实说：

> 其书颇似《禹贡》，当作在舜世禹治水时也。惟《五藏山经》后有禹曰天下名山云云，亦见《管子·地数篇》（自注：又见伪《列子·汤问篇》），确为禹益作。（自注：郝懿行以此"禹曰"及《中次三经》青要之山言"南望墠渚，禹父之所化"，疑非禹书。此不知古人作书之例，若以《史记》称太史公、褚先生例之，可爽然自失矣。）（《汉书艺文志讲疏》）

相较于清儒，顾实的观点更为泥古。

历代学者持禹、益作书说者甚多，仅略述此说之梗概如上。

b. 禹鼎遗像说

由禹、益作书说，又衍生出禹鼎遗像说。左思《吴都赋》说：

> 名载于《山经》，形镂于夏鼎。

这说明晋人已经将《山海经》与禹鼎之间拉上了某种关系。此后，学者们对《山海经》与禹鼎之间的关系，一直保持较为朦胧的看法。欧阳修《读山海经图》说：

夏鼎象九州，《山经》有遗载。

南宋学者薛季宣说：

《左传》称大禹铸鼎象物，以知神奸，入山林者不逢不若。《山海》所述不几是也。（王应麟《汉艺文志考证》引）

明代学者杨慎阐发此说，将《山海经》与禹鼎直接联系在了一起，他说：

《左传》曰："昔夏后氏之方有德也，远方图物，贡金九牧，铸鼎象物，物物而为之备，使民知神奸，入山林不逢不若，魑魅魍魉，莫能逢之。"此《山海经》之所由始也。神禹既锡玄圭，以成水功，遂受舜禅，以家天下。于是乎收九牧之金以铸鼎，鼎之象则取远方之图，山之奇、水之奇、草之奇、木

（清）钱杜绘《杨慎小像》

杨慎（1488—1559），字用修，号升庵，明代著名学者，被《明史》誉为"明世记诵之博，著作之富，推慎为第一"。

之奇、禽之奇、兽之奇，说其形，著其生，别其性，分其类。其神奇殊汇、骇世惊听者，或见，或闻，或恒有，或时有，或不必有，皆一一书焉。盖其经而可守者，具在《禹贡》；奇而不法者，则备在九鼎。九鼎既成，以观万国……夏后氏之世虽曰尚忠，而文反过于成周。太史终古藏古今之图，至桀焚黄图，终古乃抱之以归殷。又史言孔甲于黄帝、姚、姒盘盂之铭，皆辑之以为书。则九鼎之图，其传固出于终古、孔甲之流也。谓之曰《山海图》，其文则谓之《山海经》。至秦而九鼎亡，独"图"与"经"存。

（《杨升庵全集》卷二《山海经后序》）

《左传》中的那段文字是宣公三年王孙满向楚子所说。《山海图》为禹鼎遗像说，可以说是由禹、益作《山海经》说而衍生，也为传统说法注入了新的内容。

杨慎的说法当然有比较多的附会之处，特别是牵扯到所谓的终古、孔甲等人就更属无稽之谈了。四库馆臣对杨慎的学术曾经做过批评："至于论说考证，往往恃其强识，不及检核原书，致多疏舛。又恃气求胜，每说有窒碍，辄造古书以实之。"（《四库全书总目提要》）《山海经图》即禹鼎之说正是杨慎学术作风强断的产物。但是也不能否认，禹铸九鼎的传说为人们所熟知，又载于《左传》中，自古及今鲜有怀疑其真实性者。王充《论衡·儒增篇》说：

儒书言夏之方盛也，远方图物，贡金九牧，铸鼎象物而为之备，故入山泽不逢恶物，用辟神奸，故能叶于上下，以承天休。夫金之性，物也，用远方贡之为美，铸以为鼎，用象百物之奇，安能入山泽不逢恶物，辟除神奸乎？周时天下太平，越裳献白雉，倭人贡鬯（chàng）草。食白雉，服鬯草，不能除凶，金鼎之器，安能辟奸？且九鼎之来，德盛之瑞也。服瑞应之物，不能致福。男子服玉，女子服珠，珠玉于人，无能辟除。宝奇之物，使为兰服，作牙身，或言有益者，九鼎之语也。夫九鼎无能辟除，传言能辟神奸，是则书增其文也。

王充是个勇于怀疑的人，但他也仅仅怀疑禹鼎能辟神奸的说法，对大禹铸鼎象物这一传说本身还是笃信不疑的。

而大禹铸鼎象物这一传说确实很容易让人产生联想，所以杨慎将《山海经》与禹鼎的传说结合起来后，很快就得到了一些学者的响应。其实只要是读过《左传》的人，很容易将王孙满的话和《山海经》联系起来。胡应麟就产生过这种联想，他说：

古人著书，即幻设必有所本。《山海经》之称禹也，名山大川、遐方绝域，固本"治水作贡"之文。至异禽、诡兽、

白鹇

《怪奇鸟兽图卷》，约绘制于日本江户时期，成城大学图书馆藏

鬼蜮（yù）之状充斥简编，虽战国浮夸之习，乃《禹贡》则无一焉，而胡以傅会也。偶读《左传》王孙满之对……不觉洒然击节曰："此《山海经》所由作乎！"（《少室山房集》卷一百二"读《山海经》"）

清代学者在坚持禹、益作《山海经》观点的同时，也采纳了杨慎的部分观点。毕沅说：

《山海经》有古图……十三篇中《海外》、《海内经》所说之图，当是禹鼎也。（《山海经新校正·山海经古今本篇目考》）

郝懿行也说：

《左传》称禹铸鼎象物而为之备……《周官》《左氏》所述，即与此经义合。禹作司空……爰有《禹贡》，复著此经。寻山脉川，周览无垠，中述怪变，俾民不眩。美哉禹功，明德远矣，自非神圣，孰能修之！（《〈山海经笺疏〉叙》）

阮元也说：

　　《左传》称禹铸鼎象物，使民知神奸。禹鼎不可见，今《山海经》或其遗象欤？（《刻〈山海经笺疏〉序》）

　　这样的观点直到现代还有其影响力，比如茅盾就认为《山海经》"大概都是依据了当时的九鼎图象及庙堂绘画而作说明，采用了当时民间流传的神话"（《中国神话研究 ABC》）。

　　《山海经》为禹鼎遗像说是经不起仔细推敲的。首先，《左传》说禹铸鼎是为了"使民知神奸"，这就很难解释为什么《山海经》中除了神怪之外，还记载那么多山川道里和矿藏物产。其次，九鼎上也不可能铸上如《山海经》那样丰富的内容，因为上古时期还没有如此发达的冶炼和铸造技术。因此，禹鼎遗像说到了当代，也就逐渐地被淘汰了。

　　c. 缘解《天问》说

　　宋代学者洪兴祖的《楚辞补注》曾广泛征引《山海经》，并指出屈赋"多用《山海经》语"。朱熹对于洪氏的观点有所非议，他认为《山海经》的内容极为荒诞，用来佐证《楚辞》，简直是"可笑"，并言辞激烈地认为是"大为妖妄"。朱熹说：

《九辩》不见于经传，不可考，而《九歌》著于《虞书》、《周礼》、《左氏春秋》，其为舜、禹之乐无疑。至屈子为《骚经》，乃有启《九辩》《九歌》之说，则其为误亦无疑。王逸虽不见《古文尚书》，然据《左氏》为说，则不误矣，顾以不敢斥屈子之非，遂以启修禹乐为解，则又误也。至洪氏为《补注》，正当据经传以破二误，而不唯不能，顾乃反引《山海经》"三嫔"之说以为证，则又大为妖妄，而其误益以甚矣。(《楚辞集注·楚辞辩证》卷上)

《山海经》的内容看似荒诞，但其中所载神话故事，确实与《楚辞》存在着密切的关联性。朱熹非但否认了这种关联性，并且提出新奇大胆的观点，即《山海经》与《淮南子》二书系缘解《天问》而作。他说：

大抵古今说《天问》者，皆本此二书。今以文意考之，疑此二书本皆缘解此问而作，而此问之言，特战国时俚俗相传之语，如今世俗僧伽降无之祈、许逊斩蛟蜃精之类，本无稽据，而好事者遂假托撰造以实之。明理之士皆可以一笑而挥之，政不必深与辩也。(《楚辞集注·楚辞辩证》卷上)

朱熹的这一观点在他的《楚辞集注》中曾反复提出，作为他注释《楚辞》、批驳他人观点的一大论据。

朱熹的观点问世后，得到了很多学者的呼应。南宋藏书家陈振孙《直斋书录解题》认为可以"破千载之惑"。宋末元初学者马端临也说：

> 洪庆善补注《楚辞》引《山海经》、《淮南子》以释《天问》，而朱晦翁则曰："古今说《天问》者，皆本此二书，今以文意考之，疑此二书本皆缘解《天问》而作。"此可以破千载之惑。（《文献通考》卷二百四）

明代学者胡应麟也曾经产生过与朱熹相类似的看法，他说：

> 余尝疑战国好奇之士，本《穆天子传》之文与事而侈大博极之，杂傅以《汲冢纪年》之异闻、《周书·王会》之诡物、《离骚》《天问》之遐旨、《南华》郑圃之寓言以成此书。而其叙述高简、词义淳质、名号倬绝，自成一家。故虽本会

萃诸书，而读之反若诸书之取证乎此者，而实弗然也。《穆天子传》至晋始出，而此书汉世独完，缘是前代文人率未能定其先后。余首发于此，俟大雅君子商焉。(《少室山房笔丛·四部正讹下》)

胡应麟对自己的想法曾经非常得意，以为是首创。不过他后来读到《楚辞集注》，才发觉自己已经落在朱熹之后，不免显得有些悻悻然，于是说：

始余读《山海经》而疑其本《穆天子传》，杂录《离骚》、《庄》、《列》傅会以成者。然以出于先秦，未敢自信。载读《楚辞辨证》云……则紫阳已先得矣。然经所纪山川神鬼，凡《离骚》、《九歌》、《远游》、二《招》中稍涉奇怪者，悉为说以实之，不独《天问》也。(《少室山房笔丛·四部正讹下》)

胡应麟较之朱熹更进了一步，认为《山海经》不仅仅缘解《天问》，还包括了大量的先秦旧籍，乃至于屈原的所有作品。现代也有少数学者承袭此说，如王成组认为："中次十二经只把全列称为'洞庭山之首'，又穿插一些撝拾《楚辞》一类文学

作品中的神话。"(《中国地理学史》上册）

朱熹提出《山海经》缘解《天问》说，和他的疑古思想
有着紧密的联系。顾颉刚曾说："朱熹是所谓'道统'的继承
者……但是从另一方面看，他实事求是地从事于辨伪的工作，
敢于推倒腐朽的传统的说法，却是一个反对前代封建统治者为
了他们自己的利益而假托了圣人们的说话来骗取群众信仰的急
先锋，又是很有进步意义的。"(《〈崔东壁遗书〉序》)《山海经》
缘解《天问》说是朱熹勇于疑古的产物，禹、益作《山海经》
说因此产生了动摇，这对学术思想的活跃有着推动作用。

然而，朱熹和胡应麟之说对于破除旧说固然有所贡献，但
有本末倒置之嫌。四库馆臣就提出批评说：

观《楚词·天问》，多与相符（指《山海经》——笔者注），
使古无是言，屈原何由杜撰？朱子《楚词辨证》谓其反因《天
问》而作，似乎不然。(《四库全书总目提要》)

清代学者陈逢衡也批评说："(《山海经》) 又谓是后人假托之
书，仿屈子《天问》而作。此说倒置，更不足据。"(《山海经汇

说·山海经是夷坚作》）

（2）现代学者的研究

a.《山海经》的时代与作者

现代学者对《山海经》的作者以及时代问题有了更为深入和广泛的研究，基本上倾向于认为《山海经》作于战国秦汉间。

民国时期学者认识到《山经》和《海经》原本各成体系，所以在探讨作者和时代问题时会加以区分。陆侃如认为《海经》为汉代人所作，他说：

《海外经》袭《淮南·地形训》而加详，至述昆仑西王母又较《山经》增多枝叶，显然由《山经》、《淮南》演绎而出。《海内经》（非书末之《海内经》）——尤其《海内东经》——多汉代地名（即毕沅所谓《水经》的一部分），且篇末均署歆（秀）名，可证是他添入的。（《论〈山海经〉的著作时代》）

陆侃如的论证忽视了《海经》的特性——诠释图画。陆侃如又认为《山经》作于战国，他说：

最后说《山经》是真的，因为我们没有证据可以移后它的时代。旧说禹益所记固然错误，我们定为战国，因为：(a)经中言铁最多，而《石雅》说铁之盛行在东周；(b)经中言郡县，郡县之制，最早是秦孝公，战国时齐、楚、燕、赵灭他国后常以其地为郡县。又经中与《楚词》、《庄子》相通者极多，故假定为楚民族的作品。(《论〈山海经〉的著作时代》)

这一论述很有见地，而且还提出了现在比较流行的《山海经》为楚人作品的观点。吴晗也说：

我们知道《山海经》的作者决不是禹，也决不是益，甚至不是西周以前的作品……它的时代是从战国开始以至东汉魏晋。(《〈山海经〉中的古代故事及其系统》)

他与陆侃如的观点基本相同。

茅盾认为《山海经》是东周时代的作品，他说："《山海经》可信是北方人的作品。"(《致〈大江〉编者论中国神话》)他将中国神话分为北、中、南三部分，他说：

现存的中国神话只是全体中之小部，而且片断不复成系统；然此片断的材料亦非一地所产生……可分为北、中、南三部。(《中国神话研究 ABC》)

他将"女娲补天""愚公移山"等神话视为"北部神话"，把《山海经》与《楚辞》中的神话归为"中部神话"，而著名的"盘古开天地"则为"南部神话"中的"仅存者"。他又特别指出《五藏山经》这部分作品产生于洛阳一带，他说：

综观《五藏山经》之记载，是以洛阳为中心，其言泾渭诸水流域即雍州东部诸山，及汾水南即冀州南部诸山，较为详密，洛阳附近诸山最详，东方南方东南方已甚略，北方最略。又言及五岳祭典，并无特盛，惟祭嵩山用太牢。这些都能帮助我们来假定《五藏山经》是东周之都洛阳的产物。而陆先生所举铁之盛行在东周一证，正可以为《五藏山经》成于东周作一旁证。因为作者是当时中国版图之中心地的洛阳的人，所以《五藏山经》内所包含的神话材料就有黄河流域和长江流域两方面的神话了，然而仍以北部者为多。(《中国神话研究 ABC》)

郑德坤也认为《五藏山经》是东周时洛阳人的作品，并对《山海经》各部分做了如下推论：

一、《五藏山经》是东周时洛阳人作的；

二、《海内、外经》是春秋战国之交作的；

三、《荒经》及《海内经》，更近，可是还在秦统一以前。

（《山海经及其神话》）

顾颉刚对《五藏山经》的研究很深入，他认为《山经》所载于周秦河汉间最详最全，所以作者之国籍不外乎此；而《山经》于齐鲁吴越多以想像成篇，《禹贡》改正了《山经》之蹈虚处；《禹贡》载荆州南至衡阳，《山经》全书不见衡山，当由于"其时河汉间人犹未尝闻其名也"；他因此推知"《禹贡》之著作必在《山经》之后"，"《禹贡》若出于战国之季，则《山经》之作其在战国之初或春秋之末乎？"（《五藏山经试探》）

卫聚贤《古史研究》第二集上册有整整300多页是"《山

海经》的研究"。他认为《山海经》是战国中期的作品，他说：

> （《山海经》）在《穆天子传》后，《鲁语》《晋语》《周
> 书》《庄子》《楚辞》《吕氏春秋》《淮南子》前……在西元前
> 四〇八年后三三六年前这七十二年中间。折中计算，《山海
> 经》是西元前三七二年左右，即战国中年作品。（《古史研究》
> 第二集上）

但是卫聚贤接着却举出 20 余条证据，证明"《山海经》不是中国的产品"，"系热带的产品"，而是"印度人的作品"。他甚至直指《山海经》的作者是印度人墨子的弟子随巢子。其说虽然光怪陆离，但不妨节录于次，以广趣闻。他说：

> 在作地中，证明《山海经》是印度的作品。那么，这个作
> 者应当到印度去找。但《山海经》不是在印度成书，中国把它
> 译来的，是印度人到中国作的。这么，我们在中国也可以把它
> 的作者找出来的。这位作者是谁？他是墨子的学生……

> 随巢子是印度人，为墨子的学生，他随墨子从印度来，经

缅甸、云南、广西、广东、福建由海道北上，至山东芝罘登岸，在泰山上住了很久，到多处游历，把所到的山都笔记起来，加上印度婆罗门教的神话，以宣传他的宗教。但恐遭中国人的反对，于是如"有为神农之言者许行"，加上禹治水事说是禹治水的书。（《古史研究》第二集上）

他的说法完全是凭空想像，既无证据，也没有逻辑推理，脱离治学之道。

徐旭生推定《山海经》的著作时间是在战国末至汉武帝之前。他说：

吾人由《南山经》所载各水可以推知《山经》之写定，不能早于战国后期及秦，"海外"及"海内"经写定期亦相差不远。《海外经》为《淮南子·地形训》所本，《海内东经》言："瓯居海中，闽在海中。"则似仍以瓯、闽皆在海岛与半岛上，然则其写定至晚亦当在汉武帝以前。盖此后则汉兵已到，地理已明，不致错误。（《中国古史的传说时代》附录三"读《山海经》札记"）

其证据似乎略嫌薄弱。蒙文通对《山海经》各部分产生的时代与地域，做了以下推断：

1.《五藏山经》与《山海经》4 篇是楚国作品（不晚于公元前 360 年）。

2.《海内经》4 篇是古蜀国作品（西周中叶）。

3.《大荒经》以下 5 篇是古巴国作品（西周前期）。
（《略论山海经的写作时代及其产生地域》）

杨宽对《山经》的看法与蒙文通相近，他说：

《五藏山经》的写作年代较早……《中山经》记述豫荆两州西部、南部和梁州地区，从它把这个地区作为天下之"中"来看，作者该是南方人。《中山经》记述汜水和役水同注于黄河，在这两水之间还有器难之水、太水、承水、东水注于役水。这是鸿沟开凿以前的情况……因此可以断定《五藏山经》的写作年代当在战国初期。因为它是南方的作品，和《楚辞·天问》一样有很丰富的神话传说。（《战国史》）

袁行霈认为："《五藏山经》五篇是《山海经》中最早写定的部分，时代大概在战国初期或中期。秦汉之际又附益《海外经》和《海内经》共八篇（其中包括今传《大荒经》以下部分）。"（《〈山海经〉初探》）王成组对顾颉刚《禹贡》作于《山海经》之后的观点提出质疑，认为"《五藏山经》本身的一些特征，都明确表现出它是战国后期的作品，而且是《禹贡》的几项地理概念的发展"。他进一步分析后提出以下意见：

（1）这样一种专题的长篇著作，显然是战国时代兵家、农家、医家等各部门先后编著专书、争鸣成风的条件下的产物。

（2）这部书对于诸多矿藏的关心，显然是继青铜器文化之后，铁器开始盛行时代的作品……相当符合战国后期采矿业发展的倾向。

（3）……

（4）无论花草果木、虫鱼鸟兽，都说成奇形怪状，并且具有种种异常作用……其时代背景，正是战国后期的方士在大力宣扬神仙怪异的长生之药。

（5）从地理思想的特征上分析，可以有足够的论证表明《五藏山经》显然受到《禹贡》的影响……

（《中国地理学史》上册）

谭其骧通过对《山经》地域范围的研究，同意顾颉刚提出的《山经》作者为周秦河汉间人的说法，认为"《山经》所载山川确以这一带为最详最合"，但他对此书的写作时代则赞同元人吾丘衍的观点，认为：

《山经》的具体写作时代，估计不可早于战国晚年，很可能已在秦始皇统一六国以后，也许是在对南越用兵而尚未完全征服的过程中，所以《南山经》只见广东的山川而不见广西的山川。

元人吾丘衍在其《闲居录》中说过：《山海经》"中间凡有政字皆避去，则知秦时方士所集无疑"。他说的是《山海经》全书，当然包括《山经》在内。他的说法正好和我们的研究结

果相符。(《论〈五藏山经〉的地域范围》)

　　袁珂力主《山海经》为楚人所作的观点，他说：

　　《山海经》一书是几个部分荟萃而成，它们的作者都是楚人。
除了《海内经》四篇是成于汉代初年的以外，其余都成于战国时
代，其中以《大荒经》以下五篇成书最早，大约在战国中年以前。
(《〈山海经〉的写作时地及篇目考》)

以上是现代学者研究《山海经》的一些主要观点。其中，《山
海经》为战国时代楚人所作的观点较为流行。

　　b.《山海经》是否成于众人之手

　　《山海经》之成书，很多学者们认为不可能出于一人之手。
吴晗说：

　　它的作者不止一人，它的完成也不能划然地说属于某一个
具体的时期。我们可以断然地说《山海经》是出于十个人以上
或更多的手笔，有的是由传闻而来的，有的是就以前的记载而

加以自己的想像，有的故意羼入些不相称的材料来作为某一事件的利用。(《〈山海经〉中的古代故事及其系统》)

徐中舒也认为：

《山海经》是一部集体创作，自非一时一地一人所能完成，更何况《山海经》中既有山、水、动、植、矿等自然现象的知识；又有社会现象的知识，包括政治、军事、经济、巫术、图腾、神话、部落酋豪、传承世系等；还有一些韵语节段，应属谚语或歌词。内容如此丰富，足见作者的众多。(《〈山海经〉和"黄帝"》)

此外，范祥雍也说："此书不出于一人一时之作。"(《〈山海经笺疏〉考证》附编《山海经古今篇目考补正》)

《山海经》不是出自一人之手，而是集体的创作，这一点似乎成了学者们的普遍意见。然而，这种说法的根据仅仅是因为《山海经》的内容非常丰富，但如果仅仅依靠这一点作为立论依据，理由并不充分。《史记》的内容和篇幅远远超过《山海经》，不就是一部个人的著作吗？任何一部著作的创作都肯定会利用前人所积累的知识和资料，但并不能因此把那些前人也列为作者，《山海经》的作者问题也是同样的情况。

吕子方曾经对《山海经》的产生时代与成书过程做过如下推测：

> 现存的《山海经》远非最初的模样，它的成书有一个漫长的发展过程。最早，它可能是某地区的氏族部落在一段时期的文化记述，后来随着社会发展和文化交流，传入其他地区，其他地区的人吸取了其中的精华，加进本地优秀的文化资料，补充了原书的不足。随着文化交流的频繁，《山海经》越传越广，内容越加丰富。但是，粗陋的方言土语与致密的文采辞藻错杂其间，文学风格前后迥然不同：加之年代久远，简册错漏，不免存在一些舛讹难懂的辞句。（《中国科学技术史论文集·读〈山海经〉杂记》）

徐显之也有类似看法，他说：

> 《山海经》是一部广博的资料书。它的成书，经过了资料

收集、资料整理和润色成书的过程。这个过程，别说在古代，就是在今天，也决不是三五人在三五年或者十数年所能完成的。在古代也决不能在三五十年内就能完成的。……从形式上看，这部书从收集资料到润色成书，跨越了好几个历史朝代，可以说经过了几十辈人的努力。许多资料证明，它草创于禹益，成书于夏代，完善于春秋战国之际，以后历两汉魏晋，又续有增益。(《山海经探原》)

他们都有将问题复杂化的倾向。《山海经》所依据的材料或许时代较早，但是资料的积累过程并不等于书籍的写作过程，这完全是两个问题，应该予以区别对待。既然讨论《山海经》的写作时代，就不应当牵扯到《山海经》资料形成的问题上去。

《山海经》中的《山经》与《海经》各成体系。尤其是《山经》，叙述山川、草木、禽兽、神祇、祭祀，分为南、西、北、东、中五个部分，井然有序，其笔法前后一致。因此，完全有理由认为《山经》是出于一人之手，也可以说是出自一人所整理。《海经》分为《海外经》《海内经》与《大荒经》以下五篇，这是《山海图》的两种释文（说详后），所以，《海经》部分应该有两个作者。

2.《山经》的时代

今本《山海经》的组成比较复杂，因此在讨论《山海经》产生的时代问题时，就应分别予以考察，而不能笼统相混。

将《山经》的时代断定为战国早期的学者，如蒙文通、杨宽等，他们有一条重要的根据，就是《水经注》中的役水注入渠水，而《山经》不载渠水，《中次七经》中的役水"北流注于河"，渠水就是战国梁惠王所开的鸿沟，所以他们认为《山经》的时代在梁惠王十年开鸿沟之前。但是，谭其骧指出：

> 《山经》虽专载山川，但名山大川不见于今本《山经》者多得很。江淮河济四渎中的淮水尚且不见于《山经》全书，《北次三经》中的滱水是否果如毕释即济水的上游沇水，也是

问题。可见《山经》不载渠水，未必能作为其时尚无渠水的确证。(《论〈五藏山经〉的地域范围》)

从民国开始，许多学者都根据《山经》中记载出铁之山极多的情况，来论证它的时代，这是很有见地的。他们认为《山经》中关于产铁之山的记载非常之多，说明这是战国晚期的作品。从考古发掘中出土铁器的情况看，上述说法可以得到印证。

春秋时期铁器虽已有一定程度的运用，但占据主导地位的，仍是青铜器。从中华人民共和国成立后 30 年的考古发掘情况看，属于这一时期的铁器有：

凤翔秦公墓	铁器 1 件
青岛崂山东古镇	铁带钩 1 件
临淄郎家庄 1 号墓	铁削 2 件
六合程桥 1、2 号墓	铁丸、铁条各 1 件
九江磨盘墩	铁器 3 件

新郑   铁器 1 件

长沙龙洞坡 826 号墓   铁削 1 件

长沙识字岭 314 号墓   铁锄 1 件

总共不过 10 多件，由此可见春秋时期的铁器并不普及。1992 年，宝鸡市考古工作队发掘了一座春秋晚期的秦国墓葬，此墓为一长方形土圹竖穴墓葬，内有一棺一椁（形制较小），出土了一部分铁器，包括铁剑、铁刀等。专家称"此墓出土的铁器数量之多，年代之早，在全国罕见"（雷从云《三十年来春秋战国铁器发现述略》）。但是根据报道，此墓出土的 200 余件文物中，金器（包括金带钩、金环、金绣饰等）占去了一半，玉器（包括玉璧、玉佩、玉璜、玉环、玉带钩）也有 80 余件，另外还有铜环、铜带钩、铜马衔、铜锻以及原始玻璃项链、串珠等物，铁器只占极小的比例。而且铁剑与铁刀等都饰有金柄或金首，说明这些并非实战用的兵器，很可能是死者生前佩戴的饰物，这也可

西周晚期的玉柄铁剑

河南博物院藏

以证明铁器的使用在春秋晚期并不多见。

从战国早期开始，铁器的数量、器类及出土地点都有增加。至战国晚期，铁器在社会生产和生活等领域，得到了广泛的应用。《管子·轻重乙》记载：

> 桓公曰："衡谓寡人曰：'一农之事，必有一耜、一铫、一镰、一耨（nòu）、一椎、一铚（zhì），然后成为农；一车必有一斤、一锯、一釭（gāng）、一钻、一凿、一銶（qiú）、一轲，然后成为车；一女必有一刀、一锥、一箴、一钵（shù），然后成为女。请以令断山木鼓山铁，是可以毋籍而用足。'"管子对曰："不可……"

可见铁器之用在战国中、晚期极为普遍，这与考古发掘的情况也相互吻合。有学者统计了战国中、晚期出土铁器的情况，说：

> 从其器类看，有生产工具、武器装备和生活用器等，其中以生产工具为大宗。农业生产工具有犁铧、镬、铲、锸、镰、

锄、耙和掐刀，手工业工具有斧、斤、锛、凿、刀、削、锉、锤、锥、钻、针，武器和装备有剑、戟、矛、镞、匕首、甲胄，生活和日用器具有鼎、盘、炭盆、杯、环、杖和带钩，此外，还有用作棺钉和刑具的，等等。（雷从云《三十年来春秋战国铁器发现述略》）

文献记载与考古材料都证明，战国晚期才是铁器开始得到广泛应用的时代。按《山经·中山经》篇末说："天下名山……出铜之山四百六十七，出铁之山三千六百九十。"产铁之山如此之多，或许有夸张之处，但足以说明《山经》产生的时代，是铁器开始广为普及的战国晚期。

谭其骧认为《山经》的具体写作时代，"很可能已在秦始皇统一六国以后"（《论〈五藏山经〉的地域范围》）。这种说法似乎将《山经》的写作时间过于推后。《吕氏春秋》的成书时代是可以明确的，即战国末年，将其与《山经》进行比较，可以帮助我们确定《山经》成书时间的下限。试以《吕氏春秋·孝行览·本味》为例，其所引《山经》的文字可以列表如下：

《本味篇》	《五藏山经》
醴水之鱼，名曰朱鳖，六足，有珠百碧。	澧水出焉，东流注于余泽，其中多珠鳖鱼，其状如肺而有目，六足有珠，其味酸甘，食之无疠。（《东次二经》）
雚（huán）水之鱼，名曰鳐，其状若鲤而有翼，从西海夜飞游于东海。	观水出焉，西流注于流沙。是多文鳐鱼，状如鲤鱼，鱼身而鸟翼，苍文而白首，赤喙，常行西海，游于东海，以夜飞。（《西次三经》）
菜之美者，昆仑之蘋。	西南四百里，曰昆仑之丘……有草焉，名曰蘋（蘋）草，其状如葵，其味如葱，食之已劳。（《西次三经》）
果之美者，沙棠之实。	有木焉，其状如棠，黄华赤实，其味如李而无核，名曰沙棠，可以御水，食之使人不溺。（《西次三经》）

由上可知，《吕氏春秋》于《山经》多有取材。因此，我们可以推知《山经》写作的下限当不晚于战国末年。

此外，我们还可以分析《山经》所反映出来的地域观念，来考察《山经》的时代。

春秋时期，人们的视野还有相对的局限性。《孟子·尽心上》说：

孔子登东山而小鲁，登泰山而小天下。

东山是鲁城东的一座高山。这是说孔子登上东山之顶便觉得鲁国太小了，而登上泰山之顶又觉得天下太小了。

到了战国时代，随着疆域的开拓、航海的发达，人们的眼界大为开阔。《孟子·梁惠王下》说：

昔者齐景公问于晏子曰："吾欲观于转附、朝儛（wǔ），遵海而南，放于琅邪，吾何修而可以比于先王观也？"

这说明春秋之末齐国的海上交通就已十分通畅了，所以齐景公也不禁想绕山东半岛航行一番以尽兴了。《庄子·逍遥游》说：

鹏之背，不知其几千里也；怒而飞，其翼若垂天之云。是鸟也，海运则将徙于南冥。南冥者，天池也。《齐谐》者，志怪者也。《谐》之言曰："鹏之徙于南冥也，水击三千里，抟扶摇而上者九万里，去以六月息者也。"

对于这段话，顾颉刚解释说："这般阔大无边的想像，一定是

亲历海洋生活的人在窈冥无极之中所寄托的玄想。"(《〈庄子〉和〈楚辞〉中昆仑和蓬莱两个神话系统的融合》)

章巽曾经推测《山海经》的一部分可能带有航海图的性质。他说:

在我国,原始地图的起源也很早。古代流传下来的《山海经》,很多学者认为只是今已散失的《山海图》的文字的注记。而有关海上山形水势的地图,无论怎样的原始,怎样的简单,对于航海的人们都是极为需要的。可以相信,从我国古代航海者所积累起来的地理知识而产生的航海图,起源也一定很早。今已散失的《山海图》,其中一部分可能就带有原始航海图的性质。(《记旧抄本古航海图》)

《山海图》是否具有航海图的性质,且另当到论,但《山经》中包含了航海事业发达后航海者所积累的地理知识则是事实。《山经》中有很多反映航海的内容:

又南水行三百里,流沙百里,曰北姑射之山。(《东山经首》)

又南水行八百里，曰岐山……又南水行八百里，白山支山……又南水行五百里，曰诸钩之山……又南水行七百里，曰中父之山……又东水行千里，曰胡射之山……又南水行七百里，曰孟子之山……又南水行五百里，曰流沙……又南水行九百里，曰跻隅之山……又南水行五百里，流沙三百里，至于无皋之山。(《东次三经》)

西水行四百里，曰流沙，二百里至于嬴(luǒ)母之山……西水行百里，至于翼望之山。(《西次三经》)

又北水行五百里，流沙三百里，至于洹山。(《北次二经》)

又北水行五百里，至于雁门之山……又北水行四百里，至于泰泽。(《北次三经》)

这些都表明，随着航海业的发达，先民们的地理知识也得到了不断的扩大。

随着地理知识的积累、视野的不断拓展，人们的思想也产生了飞跃。战国中叶的齐人邹衍，对于整个世界有一个大胆的猜想。他说，中国叫作"赤县神州"，是全世界的八十一分之一；大禹划定的九州属于赤县神州之内，不能称为州；像赤县神州这样大的九个，才是九州，合起来成为一个大州，外有裨海环绕着；而这样的大州又有九个，外有大瀛海环绕。

邹衍的学说当然纯属猜想，但说明战国时人的地域观念确实已经和从前大不相同了，所以邹衍才能够有这样天马行空的说法。而《山经》中的地域概念，也正体现出了战国时代的特征。我们看《山经》所载，天南地北，视野极为开阔。谭其骧指出：

> 论写作时代，先得把顾先生的《山经》早于《禹贡》说颠倒过来，明确认定《山经》在《禹贡》之后。因为《山经》的地域既比《禹贡》大，记载也比《禹贡》详密，人的知识是逐渐进步的，地域大而详密的《山经》自应在地域小而简略的《禹贡》之后。(《论〈五藏山经〉的地域范围》)

所论甚是。《禹贡》作于战国，《山经》又出于其后，因此《山经》的时代必然不会太早。应该注意的是，《山经》中的地域观念是以实际地理知识为基础的，而地理知识的积累需要有一定的时间过程，因此将《山经》的产生时代定在战国晚期是较为恰当的。

有学者从语法的角度考证了《山经》，他认为：

从语法看，文献中凡春秋以前之文，十数与零数之间，皆用"有"字连之，战国中期之文即不用。……《山海经》中《五藏山经》即不用。（王晖《古文字中记数使用"又"字的演变及其断代作用考》）

所以他据以推论《山经》成书于战国中期以后，其思路颇为新颖，可资参考。

3.《海经》的时代

（1）《山海图》的时代

《海经》是《山海图》的解说之文，因此《海经》的主体最初应是《山海图》。过去人们讨论《山海经》（特别是《海经》）的产生时代，往往都会忽视《山海图》的存在。这难免会有舍本逐末之嫌。唐兰较早注意到了这一问题，他说：

> 《山海经》一书虽然记录得很迟，有战国时人记的，有秦汉时人记的，但我们应当注意到它的本身，并不完全是文字而是图画，因为有图画流传下来，所以战国时人可以把它记成文字，秦汉时人又可以补一些说明。(转引自贺次君《"山海经图与职贡图"的讨论》)

这段话很有见地。所以一方面要讨论《海经》的写作时代，另一方面也必须讨论《山海图》的产生时代，而且后者尤为重要。

宋薛尚功、明杨慎等认为《山海图》就是禹鼎。此说实际上是禹、益作《山海经》的翻版，不足为据。过去也有学者认为，《山海图》产生的时代在周代以前。贺次君说：

> 关于海内、外经的著作时代，近人都以为是西汉时或者再后的作品。我想它的成书固是在这时候，但是它所据的图或在周以前，否则周的势力很盛，并且周时人物受人崇拜的很多，

为什么神的团体没有他们的位儿，仅仅有一个同犬戎、大夏相似的小国家呢？因此，我觉得它的时代虽不会与《五藏山经》同时，但也不会很迟。(《"山海经图与职贡图"的讨论》)

此说成疑。周代人物在《山海经》中并非没有他们的位置。以周人的始祖后稷为例，《海内西经》说：

> 后稷之葬，山水环之。在氐国西。

这个记载比较简略，《海内经》中有更为详细的内容：

> 西南黑水之间，有都广之野，后稷葬焉。爰有膏菽、膏稻、膏黍、膏稷，百谷自生，冬夏播琴。鸾鸟自歌，凤鸟自儛，灵寿实华，草木所聚。爰有百兽，相群爰处。此草也，冬夏不死。

后稷埋葬的地方为山水所环绕，那里草木茂盛，粮食丰沛，有吉祥的凤凰在歌舞栖息，有百兽在觅食——实在是个世外的桃源！由此可见后稷并不是一个普通的神祇。后稷是如何享有这样重要地位的呢？《大荒西经》说：

> 有西周之国，姬姓，食谷。有人方耕，名曰叔均。帝俊生
> 后稷，稷降以百谷。稷之弟曰台玺，生叔均。叔均是代其父及
> 稷播百谷，始作耕。

《海内经》也说：

> 后稷是播百谷。稷之孙曰叔均，始作牛耕。

从这两段文字中我们可看出，周人的始祖后稷是一位农神，是
他"降以百谷"，是他的后代"始作牛耕"，所以他才享受了后
人隆重的祭祀。显然，后稷在"神的团体"中是占了一个"位
儿"的。《礼记·祭法》说：

> 夏后氏亦禘（dì）黄帝而郊鲧，祖颛顼而宗禹。殷人禘喾
> 而郊冥，祖契而宗汤。周人禘喾而郊稷，祖文王而宗武王。

由此可知夏、殷之人各有所祀，而周弃之被奉为稷神则始于周

后稷

（明）仇英《帝王道统万年图册》局部

时。《山海图》如果作于周代以前，那么后稷在其中显然不可能有如此显赫的地位。因此贺次君的观点难以成立。

考证《山海图》的时代，还必须从《海经》的内容分析入手。袁行霈认为，《山海经》中的神话以西方最为丰富，昆仑、黄帝都在西北而被视为神圣，所以《山海经》可能出自炎黄二族。（《〈山海经〉初探》）此说似乎不能成立。《海经》中神话人物的地位，以帝俊最为重要，而黄帝则远在其下。茅盾就曾经指出：

> 我在《山海经》上发见帝俊的地位的重要。《山海经》末卷的《海内经》，不但记诸国多云帝俊之后，并且说始为琴瑟，始为歌舞，始为巧倕……等人，也都是帝俊之后。此外，羲和生日，常羲生月，而二人者又为帝俊之妻。（《致〈大江〉编者论中国神话》）

郭沫若也曾说：

> 五帝三王是一家，都是黄帝的子孙，那便完全是人为。那是在中国统一的前后（即嬴秦前后）为消除各种氏族的畛域起

见所生出的大一统的要求。(《中国古代社会研究》)

也就是说黄帝的神话盛行于战国中后期。从《海经》中黄帝的地位并不突出这一点看,《山海图》产生的下限当在战国中期之前。

众所周知,神话传说随着时代的转移而产生衍化,它们在不同的时代必然会带上不同的时代印记。因此,分析《海经》中的神话传说所反映的时代特征,是推断《山海图》产生时代的可行途径。

《海经》中有关大禹治水的神话非常丰富,不妨以此为线索进行分析。先对先秦时期大禹治水神话的衍变轨迹做一番认识。《尚书·洪范》说:

> 鲧堙洪水,汩陈其五行。帝乃震怒,不畀洪范九畴,……鲧则殛死,禹乃嗣兴。天乃锡禹洪范九畴,彝伦攸叙。

鲧治洪水用的是阻塞之法。那么禹治水采用的又是什么方法呢?《诗经》说:

信彼南山，维禹甸之。(《信南山》)

奕奕梁山，维禹甸之。(《韩奕》)

洪水茫茫，禹敷下土方。(《长发》)

"甸"，顾颉刚释为"陈"(《讨论古史答刘胡二先生》)，即排列分布之意；"敷"，是铺放之意。这几句诗的意思是说，南山和梁山都是禹所排放，并且在洪水之中禹又向下界铺放土壤。这说明禹治水的方法最初也和鲧的一样，采用填和阻塞的方法。

大禹治水的方法到战国时代开始发生了变化。《墨子·兼爱中》说：

古者禹治天下，西为西河、渔窦，以泄渠孙皇之水；北为防原泒，注后之邸、嘑(hū)池之窦，……南为江、汉、淮、汝，东流之，注五湖之处，以利荆、楚、干、越与南夷之民。

这里所说的"泄""注"等方法，与"甸""敷"等不同，都属于"疏"的方法。从此禹治水的方法就由"堙"变成了"疏"。

而鲧治水的方法也发生了变化。《国语·周语下》说：

> 灵王二十二年，谷、洛斗，将毁王宫。王欲壅之，太子晋谏曰："不可。晋闻古之长民者，不堕山，不崇薮，不防川，不窦泽……昔共工弃此道也，虞于湛乐，淫失其身，欲壅防百川，堕高堙卑，以害天下。皇天弗福，庶民弗助，祸乱并兴，共工用灭。其在有虞，有崇伯鲧，播其淫心，称遂共工之过，尧用殛之于羽山。其后伯禹念前之非度，厘改制量，象物天地，比类百则，仪之于民，而度之于群生。共之从孙四岳佐之，高高下下，疏川导滞，钟水丰物，封崇九山，决汨九州，陂障九泽，丰殖九谷，汨越九原，宅居九隩，合通四海。故天无伏阴，地有散阳，水无沉气，火无灾燀，神无闲行，民无淫心，时无逆数，物无害生。帅象禹之功，度之于轨仪，莫非嘉绩，克厌帝心。

鲧治水的方法由"堙"转变成了"防"。从此，鲧防洪水而失败，禹疏洪水而成功，就成了大禹治水的主体内容。

《庄子·天下篇》载墨子之语：

　　昔者禹之湮洪水，决江河，而通四夷九州也，名川三百，支川三千，小者无数。

这里虽然仍说禹是"湮洪水"，但其实质却已成为"决""通"等疏导的方法。《孟子·滕文公上》说：

　　当尧之时，天下犹未平，洪水横流，泛滥于天下……禹疏九河，瀹济、漯而注诸海；决汝、汉，排淮泗、而注之江；然后中国可得而食也。

又《孟子·滕文公下》说：

　　当尧之时，水逆行，泛滥于中国……使禹治之，禹掘地而注之海，驱蛇龙而放之菹（zū），水由地中行，江、淮、河、汉是也。险阻既远，鸟兽之害人者消，然后人得平土而居之。

《荀子·成相篇》说：

　　禹有功，抑下鸿，辟除民害逐共工。北决九河，通十二渚，疏三江。

《韩非子·五蠹篇》也说：

中古之世，天下大水，而鲧、禹决渎。

本来因"湮洪水"而遭到上帝惩罚的鲧，居然也和禹一样同享"决渎"之功，说明战国时人把"疏决"视作治水的当然之法。《吕氏春秋·开春论·爱类》也谈到大禹"疏"河之事时说：

昔上古龙门未开，吕梁未发，河出孟门，大溢逆流，无有丘陵沃衍、平原高阜，尽皆灭之，名曰鸿水。禹于是疏河决江，为彭蠡之障，干东土，所活者千八百国。

为什么大禹治水的神话到了战国时代，其主体就由湮填洪水，一变而为疏河决江了呢？顾颉刚指出："我们追原鲧禹治水传说的所以改变，实由于战国的时势。在战国的时候，交通四辟，水利大兴，人们为防止水患，就盛行了筑堤的办法；为利便交通，振兴农业，又盛行了疏水灌溉的办法。但是筑堤的害处多而利益少，疏水灌溉则是有利而无弊的事，所以防洪水的典故便渐归了上帝所殛的万恶的鲧，而疏洪水的典故就归了天所兴的万能的禹了。"（《鲧禹的传说》）所论极为精辟。《汉书·沟洫志》载贾让的奏疏说：

> 古者……大川无防，小川得入，陂障卑下，以为污泽……盖堤防之作，近起战国，雍防百川，各以自利。齐与赵、魏，以河为竟。赵、魏濒山，齐地卑下，作堤去河二十五里，河水东抵齐堤，则西泛赵、魏，赵魏亦为堤去河二十五里。虽非其正，水尚有所游荡。时至而去，则填淤肥美，民耕田之。或久无害，稍筑室宅，遂成聚落；大水时至漂没，则更起堤坊以自救，稍去其城郭，排水泽而居之，湛溺自其宜也……

堤防之作未必起于战国，但可以肯定在战国时代很盛行，所以其害亦大。反映到神话中，鲧便有了"防"的过失。《汉书·沟洫志》又说：

> 自是之后（指三代之后——笔者注），荥阳下引河东南为鸿沟，以通宋、郑、陈、蔡、曹、卫，与济、汝、淮、泗会。于

楚，西方则通渠汉川、云梦之际，东方则通沟江淮之间。于吴，则通渠三江、五湖。于齐，则通淄济之间。于蜀，则蜀守李冰……穿二江成都中。此渠皆可行舟，有余则用溉，百姓飨其利……史起为邺令，遂行漳水溉邺，以富魏之河内……其后韩闻秦之好兴事，欲罢之，无令东伐，乃使水工郑国间说秦，令凿泾水，自中山西邸瓠口为渠，并北山，东注洛，三百余里，欲以溉田……渠成而用溉……于是关中为沃野，无凶年。

疏川导滞是战国时人总结出的治水经验，所以当时人们大量兴建疏导江河的水利工程。反映到神话中，禹便有了疏江导水之功。因此，大禹疏水的传说明显带有战国的时代特征。

我们现在再将《海经》中有关大禹治水神话的文字引录如次，看看《山海图》上画的到底是些什么内容：

共工之臣曰相柳氏，九首，以食于九山。相柳之所抵，厥为泽溪。禹杀相柳，其血腥，不可以树五谷种。禹厥之，三仞三沮（郭注曰："掘塞之而土三沮陷，言其血膏浸润坏也。"），乃以为众帝之台。(《海外北经》)

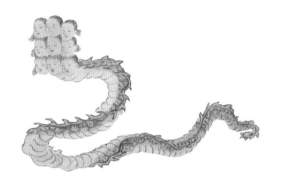

相柳氏

《怪奇鸟兽图卷》，约绘制于日本江户时期，成城大学图书馆藏

共工臣名曰相繇，九首蛇身，自环，食于九土。其所欹所尼，即为源泽，不辛乃苦，百兽莫能处。禹堙洪水，杀相繇，其血腥臭，不可生谷，其地多水，不可居也。禹湮之，三仞三沮（郭注曰："言禹以土塞之，地陷坏也。"），乃以为池，群帝因是以为台。（《大荒北经》）

禹鲧是始布土，均定九州。（《海内经》）

洪水滔天，鲧窃帝之息壤以堙洪水，不待帝命。帝令祝融杀鲧于羽郊。鲧复生禹。帝乃命禹，卒布土以定九州。（《海内经》）

从这几段文字可知，《山海图》上所画的大禹治水的神话，仍然是"布土""仞"等"湮"的内容——与战国时代大禹治水的神话有着明显的区别。据此可知，《山海图》的创作时代应

在战国之前。

再来分析一下有关三神山的传说。《海内北经》说：

蓬莱山在海中。大人之市在海中。

传说中的三神山在此仅见蓬莱一山；而"大人之市"则是"海市蜃楼"，郝懿行曰："今登州海中州岛上，春夏之交，恒见城郭市廛，人物往来，有飞仙邀游，俄顷变幻。土人谓之"海市"，疑即此。秦、汉之君所以甘心，方士所以诳惑其君，岂不以此邪？"（《山海经笺疏》卷十二）他的分析很精辟。"大人之市"应当就是三神山传说的滥觞。所以，《山海图》的写作时代应在三神山的传说兴起之前。

根据《汉书·郊祀志》的记载：

邹衍以阴阳主运显于诸侯，而燕齐海上之方士传其术不能通，然则怪迂阿谀苟合之徒自此兴，不可胜数也。自威、宣、燕昭使人入海求蓬莱、方丈、瀛洲。此三神山者，其传在勃海中，去人不远。盖尝有至者，诸仙人及不死之药皆在焉。其物禽兽尽白，而黄金银为宫阙。未至，望之如云；及到，三神山反居水下，水临之。患且至，则风辄引船而去，终莫能至云。世主莫不甘心焉。

海上三神山的传说在齐威王、齐宣王时就已经相当得流行，所以齐威王、齐宣王和燕昭王都派了人去寻找。其时代在前 4 世纪中叶至前 3 世纪末叶。由此可知三神山的传说兴起于战国初。《汉书·郊祀志》说：

> 及秦始皇至海上，则方士争言之（指三神山——笔者注）。始皇如恐弗及，使人乃赍童男女入海求之。船交海中，皆以风为解，曰未能至，望见之焉……始皇南至湘山，遂登会稽，并海上，冀遇海中三神山之奇药。不得，还到沙丘崩。

三神山的传说到了秦时更加盛行，所以秦始皇至死都梦想着神山上的奇药。

如果《山海图》作于三神山传说盛行的时代，那么神山之

绮丽辉煌、仙人之飘逸风姿
在图中就不可能没有反映。
《大荒东经》说：

　　有波谷山者，有大人
之国。有大人之市，名曰大
人之堂。有一大人踆（cūn）
其上，张其两臂（笔者按：
"两臂"原作"两耳"，误，从
《太平御览》卷三百七十七及
卷三百九十四引文改）。

大人之国

（东晋）郭璞注、（明）蒋应镐绘
图《山海经》

"大人之市"的这种情景与三神山上的"黄金银为宫阙"相比，
显然有着天壤之别。因此，《山海图》的创作时代当在三神山
的传说兴起之前，也就是在春秋时期。

　　当然，《山海图》的创作时代也不会太过久远，从图中已
有三神山传说的滥觞（大人之市）这一点分析，《山海图》的时
代应在春秋晚期。

（2）《海经》十三篇的时代

至于《山海图》释文的写定时间，即《海外经》《海内经》与《大荒经》以下五篇的写定时间，学术界普遍认为是在战国，这一点应是没有疑问的。

郭沫若曾因《吕氏春秋》中将"儋耳"的地望误为北方，而《海经》中亦将"儋耳"置于北方，说："足证《山海经》成书是在《吕氏春秋》之后。"（《说儋耳》）同样的理由似乎也可以反推《吕氏春秋》成于《山海经》之后。《海经》写作时间的下限应在战国末。《海内西经》说：

貊国在汉水东北。地近于燕，灭之。

貊国应当属于北狄、山戎一类的国家。燕国在春秋时期屡遭北狄与山戎的侵挠，常有国破之忧。《左传·庄公三十年》有一则记载：

冬，遇于鲁济，谋山戎也，以其病燕故也。

鲁庄公与齐桓公会于济水，商量救燕，说明山戎的危害极为严重。《史记·燕召公世家》也说：

（燕庄公）二十七年，山戎来侵我，齐桓公救燕，遂北伐山戎而还。

燕国幸亏有齐桓公相救，这才得以保全宗庙。而燕国也正是在与戎狄的征战中逐渐消灭周围的那些异姓小国，成为战国七雄之一。《海内西经》的这两句话，亦可说明《山海图》的创作时代应该是在春秋，所以图上在燕国的四周还画有像貊这样的戎狄之国；而《海经》的写作时代则应是战国，这时燕已基本将周围的小国吞并殆尽，所以作者才会有"地近于燕，灭之"的话。

也有学者认为《海内经》四篇中有很多秦汉地名，如桂林、番隅、雁门、倭、列阳等，所以应该是汉初的作品。但实际上《海内经》四篇与《海外经》四篇原本是一个整体，都是《山海图》的释文，因此其写作时间应该是一致的，不可能《海外经》四篇作于战国而《海内经》四篇却作于汉代。至于

《海内经》四篇中出现的秦汉地名，当属后人所羼入，这一点前人有过很多分析。

《山海经》一书写定于战国，所以书中随处可见周秦时的用语，这本不足奇。然而，清儒坚持禹、益作书说，所以将那些周秦时语一律断为后人羼入。如郝懿行说：

> 今考《海外南经》之篇而有说文王葬所，海外西经之篇而有说夏后启事。夫经称夏后，明非禹书；篇有文王，又疑周简，是亦后人所羼也。至于郡县之名起自周代……今考《南次二经》云"县多土功"、"县多放士"，又云"郡县大水"、"县有大繇"，是又后人所羼也。(《〈山海经笺疏〉叙》)

他的上述论断似乎有抱残守缺之嫌。

今传《山海经》已非完璧，其中有很多内容已经在流传过程中散佚，这一点可以在《山海经》中找到内在证据。如《南山经之首》说："凡鹊山之首，自招摇之山以至箕尾之山，凡十山。"但现存仅有九山，显然其中一座山的记载已经失传。类似情况在《山经》中较为多见，不妨列举如下：

《南次三经》："凡《南次三经》之首，自天虞之山以至南禺之山，凡一十四山。"（笔者按：但现存仅有十三山。）

《西次三经》："凡《西次三经》之首，崇吾之山至于翼望之山，凡二十三山。"（笔者按：但现存仅有二十二山。）

《北次二经》："凡《北次二经》之首，自管涔之山至于敦题之山，凡十七山。"（笔者按：但现存仅有十六山。）

《中次五经》:"凡薄山之首,自苟林之山至于阳虚之山,凡十六山。"(笔者按:但现存仅有十五山。)

由此可见,《山海经》只是大体保存至今,岁月的磨难给它留下了不小的创伤。

今传《山海经》经过了历代学者的不断传抄和整理,才最终成型。因此,有必要对今传《山海经》的形成过程进行一些分析和说明。

1. 古本《山海经》的面貌

《山海经》的原始状况错综复杂,与今传本是截然不同的。学者们对有些问题已经加以厘清,有些问题则还有认识模糊不清之处。兹择要略述如次。

其一,《山经》与《海经》原本是两部著作。《山经》与《海经》的行文风格与内容都大相径庭。谭其骧对此做过清晰的论述,他说:

《五藏山经》简称《山经》，是《山海经》全书中最为平定雅正的一部分。它不像《山海经》的其他部分（海外南西北东经、海内南西北东经、大荒东西南北经、海内经）那样，形式上是地志，内容则以记载神话为主，而是从形式到内容都以叙述各地山川物产为主，尽管也杂有神话，比重不大。所以《山海经》其他部分可以说都是语怪之书，而《五藏山经》则无疑是一部地理书。(《论〈五藏山经〉的地域范围》)

有鉴于此，学者们普遍认为《山经》和《海经》最初应是单独并行的。比如顾颉刚曾指出："《山经》与《海经》固非一世之书，其书亦各成一体系。"(《五藏山经试探》) 国外学术界也有类似观点，比如 19 世纪末的法国学者拉克伯里认为"《五藏山经》是比较纯古经文，为商代山岳之记事"，而"《海外》《海内》二经，系汉刘向就周时纪述怪异地图之原有二书附加而成者"。(《古代中国文明西源论》，转引自何观洲《〈山海经〉在科学上之批判及作者之时代考》) 陆侃如也曾指出："古代只有《山经》，至刘歆加入《海经》而合称《山海经》，其后又加《大荒》等篇而成今本。"(《论〈山海经〉的著作时代》)

其二，《海经》分为两个部分内容，第一部分是《海外经》四篇及《海内经》四篇，第二部分则是《大荒经》以下五篇，这是对《山海图》进行诠释的两种文本。

《海外经》《海内经》与《大荒经》以下五篇的内容多有互相重复之处。毕沅对此进行了分析，他认为这是因为《大荒经》以下五篇是解释《海外经》《海内经》的，他说：

> 《海外经》四篇、《海内经》四篇，周秦所述也。禹铸鼎象物，使民知神奸。按其文有国名、有山川、有神灵奇怪之所际，是鼎所图也。鼎亡于秦，故先时人犹能说其图以著于册。刘秀又释而增其文，是《大荒经》以下五篇也。《大荒经》四篇释《海外经》、《海内经》，一篇释《海内经》，当是汉时所传。亦有《山海经图》，颇与古异，秀又依之为说，即郭璞、张骏见而作赞者也。(《〈山海经新校正〉序》)

基于以上认识，毕沅在《大荒经》以下五篇中每每注释说"此似释海外某经也""此似释海内某经也"。郝懿行沿袭了毕沅的看法，认为《大荒经》以下五篇"为释经之外篇"(《山海经笺疏叙》）。毕沅之说较为流行，例如民国学者顾实即延袭此说，他说：

> 《大荒经》以下五篇，则更为释《海内》《海外》二经之文，本不在《汉志》十三篇，又无刘歆校进款识。其文体亦为图说，当为汉时所传之图，出刘歆等所述也。（《汉书艺文志讲疏》）

陆侃如也说："《大荒经》及《海内经》是解释海内、外经的。"（《论〈山海经〉的著作时代》）

毕沅的观点其实存在着明显的漏洞，袁珂就对此提出质疑，他说：

> 如果要说是"释"，与其说《荒经》以下五篇的某些小节是"释"《海外》《海内》诸经的某些小节，倒不如说是《海外》《海内》诸经的某些小节"释"《荒经》以下五篇的某些小节……既曰"释"，总归得多说几句话的，决不会说"释"的简单、被"释"反而罗嗦。自然，也有详略彼此差不多的；也

有《荒经》以下五篇较详而《海外》《海内》诸经较略的，但是一般而论，其内容相同的部分，总是《荒经》简于《海外》、《海内》诸经。这说明《海外》《海内》诸经可能于《荒经》以下五篇有所取材，而又加以适当的发挥。(《〈山海经〉写作的时代与篇目考》)

袁珂虽然发现了毕沅之说的问题，但他的解释却似乎不得要领。其实，顾颉刚于1929年在燕京大学开设"中国上古史研究"的课程时，在讲义中就已经对此问题做出过精辟的解释，他说：

> 《山海经》则至今流传。其中《山经》和《海经》各成一体系；《海经》又可以分为两组，一组为《海外四经》与《海内四经》，一组为《大荒四经》与《海内经》。这两组的记载是大略相同的，它们共就一种图画作为说明书，所以可以说是一件东西的两本记载。(《中国上古史研究讲义》)

多年后，顾颉刚发表《〈山海经〉中的昆仑区》，做了更详细的阐述，他说：

　　《海经》也有一个总图，而另一个作经者就其远近，割为
《海外》《海内》两部，再各分为南、西、北、东四篇；可是作
者没有用心，多钞图画，毫无贯穿，成了一部低手的著作。还
有一人也为《海图》作经，割为《大荒》《海内》两部，《海
内》没有再分，《大荒》则再分为东、南、西、北四篇；这位
作者比上面一个高出一筹，叙述较详。所以，《海经》实在是
两部同一对象的书的合编。

顾颉刚的研究表明，《海外经》《海内经》与《大荒经》以下五
篇其实就是对《山海图》进行诠释的两种文本。

　　通过比较《海外经》《海内经》与《大荒经》以下五篇的
内容，完全可以证明顾颉刚的观点。试以《海外西经》和《大
荒西经》进行比较，两者内容相似之处可举例如下：

　　（1）《海外西经》："灭蒙鸟在结匈国北，为鸟青，赤尾。"
《大荒西经》："有五采之鸟，有冠，名曰狂鸟。"又："有弇州
之山，五采之鸟仰天，名曰鸣鸟。"灭蒙鸟与狂鸟、鸣鸟都属
于凤凰。

（2）《海外西经》："大乐之野，夏后启于此儛《九代》；乘两龙，云盖三层。左手操翳，右手操环，佩玉璜。"《大荒西经》："西南海之外，赤水之南，流沙之西，有人珥两青蛇，乘两龙，名曰夏后开，开上三嫔于天，得《九辩》与《九歌》以下。此天穆之野，高二千仞，开焉得始歌《九招》。"夏后开就是夏后启，《九代》也就是《九招》。

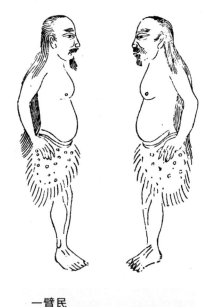

一臂民

（清）吴任臣《山海经广注》

（3）《海外西经》："一臂国在其北，一臂一目一鼻孔。"又曰："奇肱之国在其北，其人一臂三目，有阴有阳，乘文马。"这就是所谓比肩民。《尔雅·释地》："北方有比肩民焉，迭食而迭望。"郭璞注曰："此即半体之人，各有一目、一鼻孔、一臂、一脚。"《大荒西经》中也有比肩民："有人名曰吴回，奇左，是无右臂。"又曰："有一臂民……有人焉三面，是颛

奇肱国

（清）吴任臣《山海经广注》

比肩民

（东晋）郭璞《尔雅音图》，清
人影宋本

项之子，三面一臂，三面之人不死，是谓大荒之野。"

（4）《海外西经》："形天与帝至此争神，帝断其首，葬之
常羊之山，乃以乳为目，以脐为口，操干戚以舞。"刑（形）
天也就是《淮南子·地形训》所谓"刑残之尸"。《大荒西经》
也有刑残之尸："有人无首，操戈盾立，名曰夏耕之尸。故成
汤伐夏桀于章山，克之，斩耕厥前……大荒之中隅，有偏句、
常羊之山。"

（5）《海外西经》："丈夫国在维鸟北，其为人衣冠带剑。"《大荒西经》："有丈夫之国。"

（6）《海外西经》："女丑之尸，生而十日炙杀之。在丈夫北。以右手障其面。十日居上，女丑居山之下。"《大荒西经》："有人衣青，以袂蔽面，名曰女丑之尸。"

（7）《海外西经》："并封在巫咸东，其状如彘，前后皆有首，黑。"《大荒西经》："有兽，左右有首，名曰屏蓬。"郭璞注曰："即并封也。"

（8）《海外西经》："女子国在巫咸北，两女子居，水周之。"《大荒西经》："有女子之国。"

（9）《海外西经》："轩辕之国在此穷山之际，其不寿者八百岁。在女子国北。人面蛇身，尾交首上。"《大荒西经》："有轩辕之国，江山之南栖为吉，不寿者乃八百岁。"

（10）《海外西经》："穷山在其北，不敢西射，畏轩辕之丘。在轩辕国北。其丘方，四蛇相绕。"《大荒西经》："有轩辕之台，射者不敢西向射，畏轩辕之台。""轩辕之丘"就是"轩辕之台"。

（11）《海外西经》："白民之国在龙鱼北，白身被发。"《大荒西经》："有白氏之国。""白氏"是"白民"之讹。

（12）《海外西经》："长股之国在雄常北，被发。"《大荒西经》："西北海之外，赤水之东，有长胫（jìng）之国。""长股之国"就是"长胫之国"。

内容相似之处很多，不赘举。

显然，《海外经》《海内经》与《大荒经》以下五篇是同一种《山海图》的两种释文。当然，它们解释的未必是同一幅《山海图》，所以其内容还是存在着差异的。比如夸父，《海外北经》说"右手操青蛇，左手操黄蛇"，而《大荒北经》则说"珥两黄蛇，把两黄蛇"；又如天吴神，《海外东经》说"八足八尾"，而《大荒东经》则说"虎身十尾"。这些不同之处已足以表明，《海外经》《海内经》与《大荒经》以下五篇的作者，他们所看到的《山海图》并不完全相同。这也就

长股国

（清）吴任臣《山海经广注》

表明，《山海图》在早期的流传过程中出现过不同的版本。古代典籍流传不易，而传抄者又常常喜欢各以自己的见闻添加内容，造成不同版本的《山海图》在内容上出现差异。

其三，古本三十二篇的问题。

刘歆在《上〈山海经〉表》中说："侍中、奉车都尉、光禄大夫臣秀领校秘书言：校秘书太常属臣望所校《山海经》，凡三十二篇，今定为一十八篇，已定。"据此，刘歆校经时所依据的古本《山海经》共有三十二篇。毕沅认为，"三十二"应是"三十四"之误，其篇目包括《五藏山经》二十六篇、《海外经》四篇、《海内经》四篇，不含《大荒经》以下五篇在内。(《山海经新校正·山海经古今篇目考·山海经三十四篇禹益作》) 为什么说古本《山海经》中不包括《大荒经》以下五篇呢？《道藏》本《山海经》在末篇《海内经》的篇题下有注语：

此《海内经》及《大荒经》本皆进在外。

"进在外"就是散逸在外的意思。所以毕沅认为《大荒经》以下五篇原本散逸在外，是刘歆校经时才附上去的(《山海经新校正·山海经古今篇目考·十八篇刘秀所增》）。毕沅此说是有问题的。因为刘歆在《上〈山海经〉表》中说得相当清楚，他是根据古本的三十二篇校定为十八篇的，而毕沅也承认这十八篇包括《大荒经》以下五篇在内。既然如此，那么这古本的三十二篇中自然也应当包括《大荒经》以下五篇在内了。因此，刘歆所说的古本三十二篇的篇目并不能按照毕沅的解释来理解。

郝懿行对《山海经》的篇目问题也很感困惑，他说：

> 《山海经》古本三十二篇，刘子骏校定为一十八篇，即郭景纯所传是也。今考《南山经》三篇、《西山经》四篇、《北山经》三篇、《东山经》四篇、《中山经》十二篇，并《海外经》四篇、《海内经》四篇，除《大荒经》已下不数，已得三十四篇，则与古经三十二篇之目不符也。（《〈山海经笺疏〉叙》）

迷茫之余，他只能叹息说："然则古经残简，非复完篇，殆自昔而然矣。"（《〈山海经笺疏〉叙》）

其实，我们只需要对刘向、刘歆父子校书的情况稍做了解，应当不难理解所谓古本三十二篇的问题。刘向、刘歆父子校理某部书之时，必先广泛收集所能看到的各种写本，或内府所藏，或私家所藏，皆网罗无遗。如刘向《管子序录》说：

> 所校雠中《管子》书三百八十九篇，太中大夫卜圭书二十七篇，臣富参书四十一篇，射声校尉立书十一篇，太史书九十六篇，凡中外书五百六十四，以校除复重四百八十四篇，定著八十六篇，杀青而书可缮写也。

《管子》传世本只有八十六篇，而刘向所据以校理的各种写本达到了五百六十四篇。这是一种科学的校书方法，在参校各种写本之后，可以去重复、补不足，古籍也因此得到整理。又如，刘向在校理《荀子》时，参考了内府所藏的各种写本共计三百二十二篇，除去重复的篇目后，定为三十二篇。

因此，刘向、刘歆父子但凡在序录中说"所校 × 书 × 篇"，这个"× 篇"就是指他们所收集到的各种写本的篇数总和。清楚了这一点以后，我们就不难理解《上〈山海经〉表》中所说"所校《山海经》凡三十二篇"的意思了，这应当是指刘歆校理《山海经》时收集到的写本共有三十二篇。

其四，《大荒经》以下五篇"逸在外"的问题。

毕沅和郝懿行在考证《山海经》的篇目时，都认为《大荒经》以下五篇原本"逸在外"。这个问题是研究古本《山海经》面貌的一个关键之处，需要做些分析。

毕沅在《山海经新校正·目录》"海内经第十八"下加注说：

（明藏经本）云："此《海内经》及《大荒经》本皆逸在外。"言《山海经》古本十三篇，刘歆校进时又附五篇于后为十八篇也。此郭璞注欤？

（《大荒经》以下五篇）篇内有成汤、有王亥仆牛，则知后人所述……当是秀所增也。

法国学者拉克伯里与毕沅的观点基本相同（其说引见日人小川琢治《山海经考》）。郝懿行在《〈山海经笺疏〉叙》中则认为，刘歆校定《山海经》为十八篇后，《大荒经》以下五篇就一直逸在外，只剩下十三篇流传于世，直到郭璞作注时，才又将逸在外的《大荒经》以下五篇重新收入经中。郝懿行在《大荒经》篇首下又注释说：

> 是自此已下五篇，皆后人所述也，但不知所自始。郭氏作注，亦不言及，盖在晋以前，郭氏已不能详矣。今考本经篇第，皆以南西北东为叙，兹篇已后，则以东南西北为次，盖作者分别部居，令不杂厕，所以自别于古经也。（《山海经笺疏》卷十四）

郝懿行这里将这五篇的收录者定为刘歆之后、郭璞之前的无名氏。袁珂承袭其说，也认为：

> （《大荒经》以下五篇）以其凌杂无序，并且其内容在正统学者的眼光看来，也过于荒怪不经，故刘歆等人整理《山海经》时，就没有把这部分收入，而听其"逸在外"了。郭璞是比较好"怪"的（观其《注〈山海经〉叙》可知），才把这几篇"逸在外"的"不雅驯"的东西搜罗进来，成为今本的状态。（《〈山海经〉写作的时地及篇目考》）

此说又将《大荒经》以下五篇"逸在外"的时间推长了，把今本《山海经》的校定者推测为郭璞。

几位学者的观点虽然各有不同，但对于《大荒经》以下五篇曾经"逸在外"的看法却是完全相同的。所以，"逸在外"说在学术界似乎已成定论。然而，究本溯源，"逸在外"说的根据只是《道藏》本有"进在外"的校语（宋尤袤刻本亦有），证据似乎稍嫌单薄。郭璞《注〈山海经〉叙》说：

> 盖此书跨世七代，历载三千，虽暂显于汉而寻亦寝废。其山川名号，所在多有舛谬，与今不同，师训莫传，遂将湮泯。道之所存，俗之所丧，悲夫！余有惧焉，故为之创传，疏其壅阏，辟其茀芜，领其玄致，标其洞涉。庶几令逸文不坠于世，奇言不绝于今，夏后之迹靡刊于将来，八荒之事有闻于后裔，不亦可乎？

《山海经》在行将湮没之际，郭璞才为之作传，希望能使"逸文不坠于世"。但是郭璞并未说到《大荒经》以下五篇原来是"逸在外"的。从《吕氏春秋》《列子》等书引录《大荒经》以下五篇的情况看，"逸在外"说似乎难以成立。

《列子·天瑞篇》说："思士不妻而感，思女不夫而孕。"《列子》一书是杂采《管子》《晏子》及《山海经》等书而成，这段话的根据明显是《山海经·大荒东经》"有司幽之国……思士不妻，思女不夫"。此外《列子·汤问篇》说："夸父不量力，欲追日影，逐之于隅谷之际。渴欲得饮，赴饮河渭。河渭不足，将走北饮大泽。未至，道渴而死。弃其杖，尸膏肉所浸，生邓林。"夸父逐日的神话，在《山海经》中共有两处（《海外北经》与《大荒北经》），我们试将其内容进行比较，就不难发现《汤问篇》这段文字的上半段"夸父不量力"根据的是《大荒北经》，而下半段"弃其杖""生邓林"则根据的是《海外北经》。也就是说，《汤问篇》的这段文字是杂糅《海外北经》与《大荒北经》而成。

《吕氏春秋·审分览·任数篇》说："北怀儋耳。"又《恃君览·恃君篇》说："雁门之北……儋耳之居，多无君。"郭沫若认为："今案据《审分览》而言，南北地望，实为《吕氏春秋》纂辑者所弄错。文中所云之，应为'南抚儋耳……'"（郭沫若《说儋耳》）儋耳确实应在海南而非北方。但这并非《吕氏春秋》的作者弄错，而是他们根据了《山海经》的记载。《大荒北经》说：

有儋耳之国，任姓，禹号子，食谷北海之渚中。

《山海经》将儋耳置于北海，所以《吕氏春秋》才会有"北怀儋耳"的话。这是《吕氏春秋》取材于《大荒经》以下五篇的确凿证据。郭沫若曾误认为《大荒北经》将儋耳的地望置于北海，是因为沿袭了《吕氏春秋》。（《说儋耳》）此种说法有倒果为因之嫌，《海经》系释图之作，是总汇神话故事之书，而《吕氏春秋》则只是政论之作。所以，《吕氏春秋》所称引的典故，只能说是取材于《山海经》的记载。

此外，《吕氏春秋·审分览·任数篇》说："西服寿麻。"这出自《大荒西经》"寿麻之国"。《吕氏春秋·孝行览·本味篇》说："菜之美者，昆仑之蘋，寿木之华。"吴承志认为就是《海内经》中的"灵寿"（《山海经地理今释》）。

以上都足以说明《吕氏春秋》《列子》等书对《山海经》以下五篇有所取材，证明"逸在外"的说法很难立足。

最后，有必要对刘歆的校进款识进行一些分析。今本《海外经》和《海内经》后面都附有一则同样内容的校进款识（见下文）。这两则款识有点蹊跷，为什么《山经》和《大荒经》后都没有校进款识呢？袁珂认为：

著者的心目中，是以《五藏山经》为海内，以《海外》诸经为海外。……而《海内经》则是模仿《海外经》而成的汉初的楚人著作，刘秀把这两部书取来合为一书，故于一部书校完以后标一校进款识。《荒经》以下五篇是刘秀校书以后加进去的，因而没有这种款识。（《〈山海经〉写作的时地及篇目考》）

他与清代学者一样，将这两条款识当成了《大荒经》以下五篇"逸在外"的主要证据了，似乎有失偏颇。刘向、刘歆父子校书，从无在一部书中的每一篇后都加上校进款识的先例。所以，合理推测，刘歆的校进款识最初应当只在书后附有一则，后有好事者在每一篇后都添上一则，传抄过程中，这些款识间有遗失，至今遂仅余《海外经》和《海内经》后的两则。

2. 刘歆校书秘阁

刘歆（约前50—23），字子骏，后因避汉哀帝之讳而改名刘秀。汉成帝时，刘歆以通《诗》《书》，能属文，被召为黄门郎。河平元年（前28），刘歆协助其父刘向校理秘书。刘向去世，刘歆在王莽的推荐下任侍中、奉车都尉、光禄大夫，子承父业，领校秘书。

今传《山海经》为西汉刘歆等人所校定，今本《山海经》在《海外东经》末及《海内东经》末都有校进款识：

> 建平元年四月丙戌，待诏太常属臣望校治，侍中光禄勋臣龚、侍中奉车都尉光禄大夫臣秀领主省。

建平元年（前6）是刘向去世之年，此时刘歆刚接手主持校书。校定《山海经》一书不可能一蹴而就，应在刘向去世前就已经开始。此时刘向大概率已经不能亲历校书之事，而由刘歆代为主持。"太常属臣望"即丁望，"侍中光禄勋臣龚"即王龚，"侍中奉车都尉光禄大夫臣秀"即刘歆。因为校定图书后都是进呈皇帝御览，所以三人均自称"属臣"。

刘歆对校经的情况做过简单的介绍，他说："所校《山海经》凡三十二篇，今定为一十八篇。"（《上〈山海经〉表》）可见他收集到多种抄本进行对勘。今本《山海经》是刘歆合校的成果，我们可以在书中看到很多此类痕迹，如《海外南经》说：

"南山在其东南……一曰：南山在结匈东南。"毕沅指出："凡'一曰'云云者，是刘秀校此经时附著所见他本异文也。"《海外经》及《海内经》中几乎每条经文后都有"一曰"云云的校记，从中可以一窥西汉时期各种抄本的异同。

刘歆所校定者，就是今传《山海经》的祖本。

3. 尤袤校刻《山海经》

在印刷术发明之前，文献流传只能依靠学者誊抄，而在誊抄的过程中，好事者往往会增删文献内容。以《世说新语》为例，该书流传至北宋年间就出现了大量不同的版本，而且卷次错乱，章氏本为上下两卷，李氏本、晁氏本为三卷，钱氏本为九卷，其余大多为十卷；此外在分篇（门）方面，大多分为三十六篇（与今本相同），但邵氏本、黄氏本有三十八篇（多《直谏》《奸佞》），颜氏本、张氏本有三十九篇（多《直谏》、《奸佞》和《邪谏》），甚至还有多达四十五篇者。

《山海经》在传世过程中也面临着同样的问题，历代的各种著录可以反映出这种混乱的情况：

> 《汉书·艺文志》形法家：《山海经》十三篇。

> 刘歆《上〈山海经〉表》：《山海经》十八篇。

> 《隋书·经籍志》地理类：《山海经》二十三卷。

> 《旧唐书·经籍志》地理类：《山海经》十八卷。

> 《新唐书·艺文志》地理类：《山海经》二十三卷。

《汉书·艺文志》所载，原本反映的是刘向、刘歆父子校理文献的成果，但《山海经》的卷数却与刘歆《上〈山海经〉表》不同，这不能不引起学者的争论。毕沅认为："班固作《艺文志》取之于《七略》，而无《大荒经》以下五篇也。"（《山海经新校正·山海经古今篇目考·山海经三十四篇禹益作》）郝懿行更进一步认为：

> 所谓十八篇者，《南山经》至《中山经》本二十六篇合为《五藏山经》五篇，加《海外经》已下八篇，及《大荒经》已下五篇为十八篇也。所谓十三篇者，去《荒经》已下五篇，正

得十三篇也。古本此五篇皆在外，与经别行……及郭作传，据刘氏定本，复为十八篇。(《〈山海经笺疏〉叙》)

他们的观点影响至今，比如顾实也因袭其说，以为："章宗源谓《班志》虽取《七略》而时有异者，甚确。故《七略》校定《山海经》十八篇，而《班志》独十三篇，亦其一也。盖弃《大荒经》以下五篇不计也。"(《汉书艺文志讲疏》) 但其说并无确实的证据，流于臆测。因此，这一问题仍有值得进一步探讨的空间。

至两宋时期，各种版本的《山海经》的卷次差异极大，很显然是好事者所为。以宋代的《道藏》本为例，《南山经》《东山经》各为一卷，《西山经》《北山经》各分为上下两卷，《中山经》为上中下三卷，另以《中山经》中的东北部分为一卷。

南宋学者尤袤对此有所不满，所以他经过三十年时间，收集了十多种版本进行参校，于淳熙七年（1180）加以刊刻。淳熙本行世后，《山海经》卷次混乱的情况才告结束。

尤袤淳熙刻本的问世，意义巨大，因为它成为明清以降各种《山海经》刻本的母本，也是《山海经》今传本的定本。

古人传抄文献时，往往会各取所需，对原典加以删节，今存时代最早的《山海经》抄本——元代曹善抄本，就对原文多有删削，虽然删削的篇幅并不是很多，但严格意义上就是一部删节本。今本《山经》之末有一句话："右《五藏山经》五篇，大凡一万五千五百三字。"这句话肯定不是《山海经》的原文，而是某位古代学者对某一部《山经》抄本的统计，尤袤刊刻《山海经》时将其附在了《山经》之后。今本《山经》的字数在二万一千以上（根据清代学者郝懿行的统计，有二万一千二百六十五字），这说明那位古代学者所统计的那

尤袤像

尤袤（1127—1194）与杨万里、范成大、陆游并称南宋四大诗人。藏书极丰，后"汇而目之"，编为《遂初堂书目》。其校刻《山海经》即得益于其多年之藏书所得。

部《山经》抄本，将原文删削了接近四分之一的篇幅。因此，如果没有尤袤的整理和刊刻，我们现在或许就只能看到《山海经》的删节本了。

4. 传世版本

前文述及今传《山海经》的定本为尤袤所校订，于淳熙七年（1180）加以刊刻，称为尤袤刻本或南宋淳熙本。尤袤刻本是今存最早的《山海经》版本，文献价值毋庸赘言。

传世的第二个版本是元代曹善抄本，成于元顺帝至正二十五年（1365）。曹善是书法名家，所以这个抄本不仅具有重要的版本价值，同时也是书法精品。曹善抄本共有四册，小楷抄录，历经明代学者王世贞、董其昌等人递藏，今藏台北"故宫博物院"。民国时期，曹善抄本曾在《故宫周刊》分期影印连载，可惜仅刊出第一册，后因日本侵华局势严峻，故宫文物南迁，曹善抄本也随之颠沛流离。曹善抄本目前还没有为学者所广泛利用，因为该抄本的下落似乎还没有广为人知，所以有

山海經序

書莫不疑焉嘗試論之曰莊生有云人之所知不若其所
不知吾於山海經見之矣夫以宇宙之寥廓群生之紛紜
陽之蒸化萬物之區分精氣渾淆自相濆薄遊魂靈
怪觸象而構流形於山川麗狀於木石者惡可勝言乎然
則總其所以乖鼓之於一響成其所以變混之於一象世之
所謂異未知其所以異世之所謂不異未知其所以不異何者
物不自異待我而後異異果在我非物異也故胡人見布
而疑黂越人見罽而駭毳蓋信其習見而奇所希聞此人
情之常蔽也今略舉可以明之者陽火出於水水陰鼅

生於炎山而俗之論者莫之或怪及談山海經所載而咸
怪之是不怪所可怪怪所不怪也不怪所可怪則幾於
無怪矣怪所不可怪也不怪所可怪則幾於
可可所不然則理無不然矣案汲郡竹書及穆天子傳
穆王西征見西王母執璧帛礼之獻錦組之屬穆王觴
西王母瑤池之上賦詩往來辭義可觀遂襲崑崙之丘
遊軒轅之宮眺鍾山之嶺玩帝者之寶勒石王母之山
紀跡玄圃之上乃取其嘉木艷草奇鳥怪獸玉石珍瑰
之器金膏燭銀之寶百物之珍古奇為御者八駿之乘

衆右服盜驪左驂騄耳造父為御犇戎為右萬里長驅
以周歷四方名山大川靡不登濟東升大人之堂西燕王

（元）曹善書《山海經》局部

些学者仅仅利用《故宫周刊》连载的第一册，个别学者虽然知晓，但在文章中却秘而不宣。

明代正统年间的《道藏》本很值得注意。这个本子缺了第十四卷和第十五卷，按理说当时要找一个完整的版本很容易，但《道藏》却偏偏把这个残缺了的本子收进去，足见其为《道藏》编纂者所重视。这个版本极具文献价值，所以郝懿行对它的参校频率最高。我们因此可以推测这是一个年代颇古的版本，很可能是抄本，故有所残缺。

此外，还有一些善本可资校勘之用，如明成化元年（1465）吴宽抄本、明成化戊子（1468）国子监刻本、明嘉靖十三年（1534）黄省曾刻本（《山海经》与《水经注》合刻本）、明嘉靖十五年（1536）潘侃前山书屋刻本、明万历十三年（1585）吴琯刻本（《山海经》与《水经注》合刻本）、明吴中珩刻本、明周如山大业堂刻本、明万历二十一年（1593）《格致丛书》本、明万历二十五年（1597）聚锦堂刻《山海经（图绘全像）》（蒋应镐绘图本）、清康熙五十三年（1714）至五十四年（1715）群玉书堂刻本、清乾隆槐荫草堂刻本、《四库全书》本等。清代的刻本众多，清代中期以后刊行者大多不足为道，不赘举。

　　需要说明的是，明清虽有众多版本，但并非都有校勘价值。笔者曾看到有位学者校勘《山海经》的成果，所列清代版本多达十余部，所出校记巨细靡遗，从中虽可见其用功之多，却难免有蛇足之嫌。因为明代刻本的母本基本上就是尤袤刻本，而清代刻本又基本上是从明代刻本翻刻而来，这些明清刻本虽然也属于版本，但从校勘的角度而言，是没有什么价值的。用于校勘的版本应当求精，而不必务多。如果只是将各种版本的异同汇集在校记中，那么校勘古籍也未免太简单了。因此，对于校勘《山海经》而言，应以前文所述尤袤刻本、曹善抄本、《道藏》本为主要依据。当然，明清刻本中也汇聚了刊刻时诸多学者的校勘成果，但当时刊刻时大多没有特别说明，所以这需要现代学者仔细甄别后才能加以利用。

七 《山海经》的流传及影响

1. 历代注疏

（1）概况

前人为《山海经》作注的并不少，但主要是明清时期的学者。

最早的《山海经》注是东晋学者郭璞所著，此后千余年间一直乏人问津。

直到明代，才陆续有注疏问世，分别是杨慎《山海经补注》以及王崇庆《山海经释义》，但他们的注释都缺乏研究深度，这是明代学者普遍不擅考据所使然。

清代朴学兴起，《山海经》的价值也逐步得到学者的认可，有诸多学者开始投入心血进行研究，其中以吴任臣、毕沅、郝懿行三家最有建树，此外还有汪绂《山海经存》、惠栋《山海经训纂》和吴承志《山海经地理今释》。

吴任臣的《山海经广注》训诂名物、订正山川道里，建树颇多，但他征引文献略有烦琐之嫌，四库馆臣论其书说：

> 于名物训诂，山川道里，皆有所订正。虽嗜奇爱博、引据稍繁，如堂庭山之"黄金"、青邱山之"鸳鸯"，虽贩妇佣奴皆识其物，而旁征典籍，未免赘疣。……然掎摭宏富，多足为考证之资。(《四库全书总目提要》)

四库馆臣对吴任臣虽有所批评，但总体评价还是比较中肯的。

毕沅对《山海经》用力也很多，他花了五年时间进行考证研究，并且亲自去西北的山脉水道实地考察，以求证《山经》的记载。孙星衍在为他作的序里说：

> 先生开府陕西，假节甘肃、粤，自崤函以西、玉门以外，无不亲历。又尝勤民，洒通水利，是以《西山经》四篇、《中次五经》诸篇，疏证水道为独详焉。(《〈山海经新校正〉后序》)

毕沅通过自己的研究，对前人的一些片面看法提出了不少异议，他说：

> 《山海经》未尝言怪，而释者怪焉。经说鸥鸟及人鱼皆云人面。人面者，略似人形，譬如经云鹦母、猩猩能言，亦略似人言，而后世图此遂作人形……以此而推，则知《山海经》非语怪之书矣。(《〈山海经新校正〉序》)

毕沅认为郭璞所说"不怪所可怪，则几于无怪矣；怪所不可怪，则未始有可怪也"，"足以破疑《山海经》者之惑"；但他同时又认为郭璞之言称不上是"知"，他说：

> 《山海经·五藏山经》三十四篇，古者土地之图。《周礼·大司徒》用以"周知九州之地域广轮之数……"，《管子》"凡兵主者，必先审知地图……"，皆此经之类，故其书世传不废，其言怪与不怪，皆末也。(《〈山海经新校正〉序》)

毕沅认为《山经》部分是由"古者土地之图"而来，其中所载地理皆确实可考，对《山经》的地理学价值予以了充分肯定。

毕沅所著《山海经新校正》问世后，其影响很广，不但得到学者的普遍认可，而且也为民间好奇谈怪论者所宗奉，于是乎坊间纷纷刊刻，刊本众多，甚至有人更改书名，投机取巧，如民国时期广益书局以《山海经集解》为名。毕沅所著也远播海外，很多海外学者对《山海经》的认知，往往源自阅读毕沅的著作。

郝懿行《山海经笺疏》在辨析异同、刊正讹谬方面非常突出，其书刊行后，一时间名声大噪，有人将其与孙诒让的《墨子间诂》相媲美。因其代表着《山海经》研究的最高水准，所以下文将其与郭璞所著分别进行介绍。

（2）郭璞《山海经传》

《晋书》郭璞本传提及郭璞为《山海经》作注，后世著录称为《山海经传》，"传"就是注。

郭璞（276—324），字景纯，学问渊博，善阴阳卜筮之术，无论诗赋诔颂，都可称得上是一时的名家，《晋书》本传谓之"博学有高才"。相传齐、梁间的才子江淹偶得一梦，梦中有人自称是郭璞，向其索笔，江淹即探怀取出一支五色笔给他，谁知江淹梦醒后再也写不出好诗了。这就是所谓"江郎才尽"的典故。这虽然是一个传奇故事，但由此可知郭璞以才学著称于当时。郭璞的诗以瑰丽的辞藻和浪漫主义的想像，在东晋初年荒芜的诗坛上异峰突起，所以钟嵘称赞说："文体相辉，彪炳可玩，始变永嘉平淡之体，故称中兴第一。"（《诗品》中品）刘勰也说："景纯仙篇，挺拔而为俊矣。"（《文心雕龙·明诗》）

由于《山海经》为汉代学者所轻视，所以到了晋代就已经面临着行将"湮泯"的境地。郭璞认识到了《山海经》的价值，他指出：

世之览《山海经》者，皆以其闳诞迂夸，多奇怪俶傥之言，莫不疑焉……夫以宇宙之寥廓，群生之纷纭，阴阳之煦蒸，万殊之区分，精气浑淆，自相喷薄，游魂灵怪，触象而构，流形于山川，丽状于木石者，恶可胜言乎……阳火出于冰水，阴鼠生于炎山，而俗之论者，莫之或怪；及谈《山海经》所载，而咸怪之：是不怪所可怪，而怪所不可怪也。不怪所可怪，则几于无怪矣；怪所不可怪，则未始有可怪也。（《注〈山海经〉叙》）

这段话说得有点玄乎，大致是说《山海经》所载并不可怪，只不过是观者不知宇宙事物之万象多端，所以才会感到奇怪，这实在是"怪所不可怪也"。郭璞唯恐《山海经》湮没，于是为之创传（注），"疏其壅阂，辟其茀芜，领其玄致，标其洞涉"，希望《山海经》的奇言异事能为人所认识。郭璞指出：

> 钧天之庭，岂伶人之所蹑；无航之津，岂苍兕之所涉：非天下之至通，难与言《山海》之义矣。呜呼！达观博物之客，其鉴之哉！（《注〈山海经〉叙》）

他认为《山海经》的玄奥之处只有博物达观之人才能领悟，而非凡夫俗子所能窥。

郭璞《山海经传》在《隋书·经籍志》及《旧唐书·经籍志》之中都有著录。然而，郝懿行却提出了郭璞之前就已经有人给《山海经》做过训解的观点。郝懿行说：

> 郭注《南山经》两引"璨曰"，其注《南荒经》"昆吾之

师"又引《音义》云云，是必郭已前音训注解人，惜其姓字爵里与时代俱湮，良可于邑。(《〈山海经笺疏〉叙》)

这种说法值得商榷。郭璞注《山海经》时，不仅仅引过郝懿行所列的以上三条，在其注语中还引用了大量的"或曰"之说，如：

> 或曰：龙鱼似鲤，一角。(《海外西经》"龙鱼"条注)

> 或曰：有乔国，今伎家乔人，盖象此身。(《海外西经》"长股之国"条注)

> 或曰：缨宜作瘿。(《海外北经》"拘缨之国"条注)

> 或曰：即奇肱人。(《大荒南经》"张弘之国"条注)

表面上看，似乎郭璞之前的确已经有人替《山海经》做过训解了。但情况并非如此。郭璞注《大荒南经》"昆吾之师"时说："昆吾，古王者号。《音义》曰：'昆吾，山名，溪水内出善金。'二文有异，莫知所辨测。"所谓"昆吾之师"，说明"昆吾"是人名。《音义》认为是山名，显然并非针对《山海经》

所做的解释。郭璞所引《音义》很有可能是《汉书音义》。《史记·司马相如列传》"琳瑉琨珸"裴骃集解引《汉书音义》说："琨珸，山名也，出善金。"郭璞所引《音义》与此大略相同。《汉书音义》作者有数家，而《汉书·司马相如传》颜师古注及《文选》卷七李善注皆引作张揖，说明郭璞所引《汉书音义》应为张揖所著。

郭璞在《注〈山海经〉叙》中对《山海经》的注释缘起以及背景，做过清楚的介绍，明确说注《山海经》时已是"师训莫传"，可见替《山海经》作传者始自郭璞。因此，郭璞注中所引"璨曰""或曰"等，仅仅是当时人对涉及《山海经》的各种传说的一些不同解释，而非有关《山海经》的专门注疏。郭璞引各家之说，是为了增广见闻，不应误为本书的旧疏。

郭璞是训诂名家，曾为《尔雅》《方言》《水经》《楚辞》《子虚上林赋》等作注，除了《楚辞》《水经》的注散逸外，大多保存至今，广为后人征引，成为训诂史上的经典。郭璞对《山海经》所涉及的地理、方言、神话、名物等所作的注释，也为后人研究《山海经》打下了良好的基础。

（3）郝懿行《山海经笺疏》

郝懿行是乾嘉时期的著名学者，平生最有代表性的著作有三部：《尔雅义疏》《春秋说略》和《山海经笺疏》。《尔雅义疏》最受世人瞩目，其稿初成之时，学者们即纷纷传抄，王念孙还为之正音删芜，笔削而成十九卷本。道光六年（1826），阮元将《尔雅义疏》收入《皇清经解》。《春秋说略》历时二十载始成其稿，对历代学者关于《春秋》一书的分歧意见逐一澄清，自视为不失毫厘之作。至于《山海经笺疏》，夏曾佑曾将孙诒让《墨子间诂》与之相提并论，亦足见其成就之高。

嘉庆九年（1804），郝懿行撰成《山海经笺疏》，他自述说：

而此经师训莫传，遂将湮泯。郭作传后，读家稀

郝懿行像

绝，途径榛芜，迄于今日，脱乱淆讹，益复难读……今世名家有吴氏（指吴任臣《山海经广注》——引者注）、毕氏（指毕沅《山海经新校正》——引者注）。吴征引极博，泛滥于群书；毕山水方滋，取证于耳目。二书于此经，厥功伟矣。至于辨析异同，刊正讹谬，盖犹未暇以详。今之所述，并采二家所长，作为《笺疏》。笺以补注，疏以证经。卷如其旧，别为《订讹》一卷，附于篇末。（《〈山海经笺疏〉叙》）

郝懿行在前人的基础上，以笺补注，以疏证经，广征博引，正名辨物，刊正谬误，其成就后来居上，超过了吴任臣和毕沅。在此书撰写过程中，其妻王照圆也多有贡献。阮元在为此书作序时说："兰皋妻王安人，字瑞玉，亦治经史，与兰皋共著书于车鹿春庑之间……于此经疏并多校正之力，亦可尚异之也。"（《山海经笺疏叙》）清末张之洞在《书目答问》一书中推荐《山海经》读本，首列《山海经笺疏》，次列《山海经新校正》，并特别指出："郝胜于毕。"

郝懿行依郑玄注经不敢改字之例，采取谨慎的态度，虽对经文多有校订，但仅在笺疏中提出意见，而不轻易进行删改。他自叙说："凡所指摘，虽颇有依据，仍用旧文，因而无改，盖放郑君康成注经不敢改字之例云。"(《〈山海经笺疏〉叙》)《山海经笺疏》最为学者所称道之处，是他考证校定文字之精审。阮元评价此书时说："吴氏广注征引虽博，而失之芜杂；毕沅校本于山川考校甚精，而订正文字尚多疏略。今郝氏究心是经，加以笺疏，精而不凿，博而不滥，粲然毕著，斐然成章。余览而嘉之，为之刊版以传。"(《〈山海经笺疏〉叙》)

郝懿行对《山海经》的研究大致可以分为以下四类：

其一，校订经、注文字之错讹脱衍。如《西山经》："又西三百二十里，曰嶓冢之山，汉水出焉，而东南流注于沔。"郭璞注释说："至江夏安陆县，江即沔水。"郝懿行笺疏说："《地理志》云：'武都郡，武都，东汉水受氐道水，一名沔；过江夏，谓之夏水，入江。'又云：'沮水出东狼谷，南至沙羡南，入江。'《水经》则云：'沔水出武都沮县东狼谷。'是沮水即沔水，沔水即东汉水也。《地理志》云'东汉水受氐道水'，即此经云'东南流注于沔'矣。又案《地理志》及《水经》，并言汉水入江，此注云'江即沔水'，是知郭本经文作'注于江'，今本讹为'沔'也。《水经注》及《艺文类聚》引此经，并作'江'字，可证。又，此注云'江即沔水'，'江'上脱'入'字，'江'下脱'汉'字，遂不复可读。"经此考订，经文及郭注之意始得通顺。

其二，阐释经文字义，纠正郭注之误。如《西山经》："华山，冢也。"郭璞注释说："冢者，神鬼之所舍也。"郝懿行笺疏说："此皆山也，言'神'与'冢'者，冢大于神。《尔雅·释诂》云：'冢，大也。'《释山》云：'山顶，冢。'是其义也。郭以冢为坟墓，盖失之。"

其三，训诂名物。如《西山经》："又西百七十里，曰南山……兽多猛豹。"郭璞注释说："猛豹似熊而小，毛浅有光泽，能食蛇，食铜铁，出蜀中。"郝懿行笺疏说："猛豹即貘豹也。《尔雅》云：'貘，白豹。'郭注云：'似熊，小头庳脚，黑白驳，能舐食铜铁。'《说文》云：'貘似熊而黄黑色，出蜀中。''貘'，通作'獏'。《白帖》引《广志》云：'貘大如驴，色苍白，舐铁消千斤，其皮温暖。'……'貘豹''猛豹'，声近而转。"名物之训诂向来是郝懿行所长，这与他多年钻研《尔雅》等书有关。《山海经》一书所涉矿产、植物等极多，郝

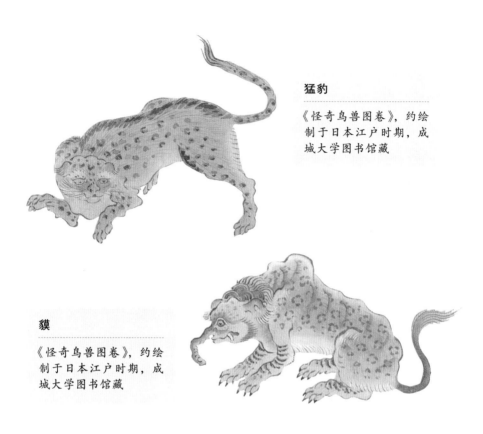

猛豹

《怪奇鸟兽图卷》,约绘
制于日本江户时期,成
城大学图书馆藏

貘

《怪奇鸟兽图卷》,约绘
制于日本江户时期,成
城大学图书馆藏

懿行的笺疏正好可以发挥他在这方面的特长。

其四,考证地理。如《北山经》:"沁水出焉,南流注于河。"郭璞注释说:"至荥阳县东北入河,或出谷述县羊头山也。"郝懿行笺疏说:"'谷述'当为'谷远',字之讹也。《地理志》云:'上党郡,谷远,羊头山世靡谷,沁水所出。'是郭所本也。沁水一名涅水。《地理志》云'上党郡,涅氏',涅,水也。颜师古注云:'涅水出焉。'《水经》云:'沁水出上党涅县谒戾山。'注云：'沁水即涅水也，或言出谷远县羊头山世靡谷。'是郦氏合沁、涅为一水也。《地理志》又云：'沁水东南至荥阳入河。'颜师古注云：'今沁水至怀州武陟县界入河，此云至荥阳，疑转写错误。'今案，颜氏之说非也，《水经》亦云'至荥阳县北入河'，荥阳在河南，武陟在河北，相去不远，说俱得通。今沁水至河南济源县入河矣。"郝懿行对山川地理同样谙熟，所以在地理考证方面的成就并不在毕沅之下。

郝懿行对自己的成绩自述说："计创通大义百余事，是正讹文三百余事。"(《〈山海经笺疏〉叙》) 而这些成果已足以使他的这部著作成为启辟门户之书。

阮元对郝懿行的学术欣赏有加，所以在《山海经笺疏》成书后特地为之作序，并于嘉庆十四年（1809）刊刻印行，是为阮氏琅嬛仙馆刻本，亦即《山海经笺疏》的首刻本。

光绪七年（1881）十二月，经顺天府尹游百川代奏进呈郝懿行所著《春秋说略》《春秋比》《尔雅义疏》《山海经笺疏》，上谕："前据顺天府尹游百川呈进，已故户部主事郝懿行所著书四种，当交南书房翰林阅看，据称郝懿行学问渊博，经书湛深。嘉庆年间，海内推重。所著《春秋比》《春秋说略》《尔雅义疏》《山海经笺疏》，各书精博邃密，足资考证，所进之书，即著留览。钦此。"

同治年间，郝懿行之孙郝联薇将其刻入《郝氏遗书》。

光绪十二年（1886），无锡李澹平因阮氏所刻之原版散佚，遂于上海还读楼重刻此书。蔡尔康《校刊〈山海经笺疏〉序》说："我朝稽古右文，吴氏、毕氏先后有广注、校本之作，嘉庆间栖霞郝氏笺疏成，得仪征相国审定刊行，然后斐然粲然，读者益收赏奇析疑之助。"又说："余方以笔墨丛累，枯坐斗室，检览一过，如身乘博望之槎，遍览十洲、三岛草木鸟兽之状；又如身与涂山之会，周旋于贯胸、交颈、三首、长臂之间，爽目怡心，为之称快不置。而因余之快，又以知读是编者之同快无疑已。"当时名家为此书作序者，还有江标《重刻〈山海经笺疏〉后序》、宓懋庸《重刊〈山海经笺疏〉后序》。

同年，又有程氏永凝堂刊本（该刊本未见，据《日本藏先秦两汉文献研究汉籍书目》载，现藏东京大学文学部中国哲学中国文学研究室）。

光绪十九年（1893）仲夏，上海仿古斋以还读楼本为底本石印。民国时期有两个主要版本，一是 1917 年的龙溪精舍丛书本，二是中华书局的《四部备要》本（系根据《郝氏遗书》排版铅印）。龙溪精舍丛书本是广东潮阳人郑国勋刊刻的丛书，以家塾读书之所名之曰《龙溪精舍丛书》，收录四部著作凡五十余种，其中也包括了《山海经笺疏》。据卷首牌记，该丛书以郝氏遗书本为底本。经比勘郝氏遗书本，可知该刻本刊刻极为粗劣，手民误植比比皆是，因此版本价值极低。

当然，郝懿行的笺疏也存在若干问题，比如在关于《山海经》的时代问题上，郝懿行说："《艺文志》不言此经谁作，刘子骏《表》云'出于唐虞之际'，以为'禹别九州，任土作贡，而益等类物善恶，著《山海经》'。王仲任《论衡》、赵长君《吴越春秋》亦称禹、益所作。《颜氏家训·书证篇》云：'《山海经》禹、益所记，而有长沙、零陵、桂阳、诸暨，由后人所羼，非本文也。'今考《海外南经》之篇而有说文王葬所；《海外西经》之篇而有说夏后启事。夫经称夏后，明非禹书；篇有文王，又疑周简，是亦后人所羼也。"（《〈山海经笺疏〉序》）郝懿行笃信《山海经》为禹、益所作，于是将书中一切不利的证据都归结于"后人所羼"，这就不免有泥古之嫌了。

2. 历代的影响

《山海经》以怪诞著称，历史上虽遭若干学者的轻视，但毕竟其内容宏富，所以对本土文化产生了至为深远的影响，其影响力甚至波及域外。兹略述如下。

《山海经》因其内容的怪诞，所以在西汉时基本上没有受到过什么重视，司马迁在《史记·大宛列传》中说："至《禹本纪》《山海经》所有怪物，余不敢言之也。"站在史学家求真务实的立场上，《山海经》当然是不足为道的。不过，站在文学创作的立场上，《山海经》还是很具有吸引力的。明代学者谢榛曾指出：

汉人作赋，必读万卷书，以养胸次。《离骚》为主，《山海经》《舆地志》《尔雅》诸书为辅。(《四溟诗话》卷二)

汉人作赋确实如谢榛所说，所引典故常常出于《山海经》，比如司马相如的赋，其中所涉及的很多名物皆出自《山海经》。刘安组织门客编撰《淮南子》时，也曾大量采用过《山海经》的记载，如《淮南子·地形训》关于海外三十六国的叙述，就是根据《山海图》(已见前文)。

根据刘歆的自述，其父刘向曾辨认出上郡发掘出的盗械之尸就是《山海经》中的贰负，引起汉宣帝的惊奇，朝中士大夫由此 "多奇《山海经》者，文学大儒皆读学，以为奇可以考祯祥变怪之物，见远国异人之谣俗"（《上〈山海经〉表》）。

西汉末的刘歆是位博学之士，好神仙方术，当他领校秘书时，对《山海经》极为重视，对此书着重进行了一番整理。刘歆对《山海经》的评价极高，他说：

(《山海经》) 皆圣贤之遗事，古文之著明者也。其事质明有信……故《易》曰："言天下之至赜而不可乱也。"博物之君子，其可不惑焉。(《上〈山海经〉表》)

刘歆将《山海经》的作者指为禹和益，他说："禹别九州，任土作贡；而益等类物善恶，著《山海经》。"（《上〈山海经〉表》）这或许是为了抬高《山海经》的地位，又或许是当时人们的普遍看法，刘歆只是加以采纳而已。

自从汉武帝采取罢黜百家、独尊儒术的政策后，经学一直占据着统治地位，像《山海经》这样的著作难免为士人所轻视，因此，《山海经》虽然经过刘歆的整理，几百年间一直没有学者为之作注，直到两晋之际。

魏晋时期，士人开始走出经学的束缚，学术视野逐渐趋于开阔，除了传统的儒学著作，士人更喜闻乐见一些经典之外的学说，比如道家思想、佛学思想等，《山海经》也受到了一定程度的重视。

三国时期魏国学者张揖（生卒不详），曾经模仿《尔雅》的体制，博采群书，著《广雅》《埤苍》《古今字诂》等，其书虽然大多散佚，但后人曾有不少征引，如颜师古《汉书注》，从中可以看到张揖大量引用过《山海经》的记载。

西晋学者张华著有《博物志》一书，记山川地理、飞禽走兽、人物传记、神仙故事，很明显是受《山海经》的影响，而且很多内容源自《山海经》。如卷二记载"外国"，自渚沃之野、白民国至呕丝之野，均见于《山海经》。又如卷三所载"异兽""异鸟""异虫""异鱼""异草木"，也均有采自《山海经》的内容。王嘉《拾遗记》称张华"好观秘异图纬之书，捃采天下遗逸，自书契之始，考验神怪，及世间闾里所说"。张华自序说：

> 余视《山海经》及《禹贡》、《尔雅》、《说文》、地志，虽曰悉备，各有所不载者，作略说，出所不见。粗言远方，陈山川位象，吉凶有征。诸国境界，犬牙相入。春秋之后，并相侵伐。其土地不可具详，其山川地泽，略而言之，正国十二。博物之士，览而鉴焉。(《博物志序》)

他的著述目的就是补《山海经》等书的不足之处。不以所怪为怪，而是将异物视为知识以广见闻，逐渐成为两晋时期学者的主流观点。学者们不再对《山海经》中的"奇谈怪论"感到排斥，甚至开始进行模仿。

自郭璞为《山海经》作注后，《山海经》更是受到世人的瞩目，郭璞的友人干宝著有《搜神记》，他在序中说：

> 若使采访近世之事，苟有虚错，愿与先贤前儒分其讥谤。及其著述，亦足以发明神道之不诬也。

干宝收集了大量民间的传闻，其中还有关于郭璞的记载。《搜神记》卷三说：

> 郭璞字景纯，行至庐江，劝太守胡孟康急回南渡。康不从，璞将促装去之，爱其婢，无由得，乃取小豆三斗，绕主人宅散之。主人晨起，见赤衣人数千围其家，就视则灭。甚恶之，请璞为卦。璞曰："君家不宜畜此婢，可于东南二十里卖之，慎勿争价，则此妖可除也。"璞阴令人贱买此婢，复为投符于井中，数千赤衣人一一自投于井。主人大悦。璞携婢去。后数旬而庐江陷。

郭璞善阴阳卜筮之术，所以民间留下许多关于他的传说，但是以上传说过于荒诞。郭璞是个学者，不至于采用欺骗的手段，而且胡孟康是庐江太守，守土有责，郭璞不可能劝他弃职而逃，因为这是陷他于不义。但干宝为了证明神道"不诬"，也如实记录，因为他著述《搜神记》的目的，就是为了记载各种荒诞不经的故事。

两晋时期出现过一部托名东方朔的著作，名为《神异经》，全书分《东荒经》《东南荒经》《南荒经》《西南荒经》《西荒经》《西北荒经》《北荒经》《东北荒经》《中荒经》，其体例很明显是模仿《山海经》的。鲁迅曾指出："称东方朔撰者有《神异经》一卷，仿《山海经》，然略于山川道里而详于异物，间有嘲讽之词。《山海经》稍显于汉而盛于晋。"（《中国古代小说史略》）《神异经》托名东方朔，实际上应是两晋时期的著作。

东晋学者王嘉所著《拾遗记》，也是模仿《山海经》的著作。前九卷记载自上古庖牺氏、神农氏至东晋各代的异闻，以及荒唐怪诞的神话，末卷则记载昆仑等仙山。其中有数则记载引自《山海经》。南朝学者萧绮为之作序说：

王子年乃搜撰异同，而殊怪必举，纪事存朴，爱广尚奇。宪章稽古之文，绮综编杂之部，《山海经》所不载，夏鼎未之或存，乃集而记矣。辞趣过诞，意旨迂阔，推理陈迹，恨为繁冗；多涉祯祥之书，博采神仙之事，妙万物而为言，盖绝世而弘博矣！

由此可见，两晋时期对《山海经》非但见怪不怪，而且尚奇好怪已经蔚然成风，志怪类作品的传统逐渐形成。

陶渊明曾经创作咏《山海经》的组诗（已见前文），或许就是这个原因，有一部《搜神后记》（又名《续搜神记》）托名陶潜（陶渊明），但其中提及元嘉十四年（437）、元嘉十六年（439）时事，已经是陶渊明去世之后，所以作伪的痕迹很明显。其内容涉及妖异变怪之谈及神仙方术。

北魏郦道元在其巨著《水经注》中曾大量引用了《山海经》的记载。《水经注》引用《山海经》之处，据郝懿行《山海经笺疏》及现代学者的考证，共有 107 条之多。其中引用《南山经》3 条，《西山经》23 条，《北山经》19 条，《东山经》1 条，《中山经》61 条，而且引文多与今本大体相同。这表明郦道元对《山海经》的地理学价值有着充分的认识。即便《山海经》中有与当时实际地理情况相出入之处，郦道元也不轻易加以否定。如《水经注》卷五"河水"记载道：

　　《山海经》曰："和山，上无草木而多瑶碧，实惟河之九
都。是山也，五曲九水出焉，合而北流，注于河。其阳多苍
玉。吉神泰逢司之，是于萯山之阳，出入有光。"……今于首
阳东山，无水以应之，当是今古世悬，川域改状矣。

可见，郦道元对《山海经》的记载采取了较为客观公正的态度。

　　南朝时期出现过两部《述异记》，作者分别为祖冲之和任
昉。这两部著作均已散佚，仅有断简残篇见于古人征引，从中
可知其所记都是奇闻琐事，与《博物志》近似，也是志怪风气
下的产物。

　　隋代释智骞是训释音韵的名家，《隋书·经籍志》谓其
"能为楚声，音韵清切"，所以"至今传楚声者，皆祖骞公之
《音》"。智骞所著《楚辞音》对《山海经》多有称引。姜亮夫
曾指出："引《山经》《穆传》奇说，以为屈赋注释者，始于郭
而终成于智骞，为《楚辞》注家一大派别。洪兴祖《补注》实
又本之……"（《敦煌写本隋释智骞楚辞音跋》）可以说郭璞、智骞
与洪兴祖在《楚辞》研究上之所以能取得很大的成就，在某种
程度上得益于他们对《山海经》的价值有所注重。

　　唐代也延续了志怪之风，如唐代学者李亢所著《独异志》，他在序中说：

　　《独异志》者，记世事之独异也。自开辟以来，迄于今世之经籍□□耳目可见闻，神仙鬼怪，并所摭录。然有纪载所繁者，俱□□，不量虚薄，构成三卷，愿传博达，所贵解颜耳。

　　可见他的著述目的与《拾遗记》等前人著作完全相同。《独异志》卷上说："《山海经》有大耳国，其人寝，常以一耳为席，以耳为衾。"这条记载源于《山海经》中的聂耳国，但所谓"其人寝，常以一耳为席，以耳为衾"，则明显是后世对聂耳国的演绎。唐代学者林登撰《续博物志》，可惜久已散佚，仅有23条为曾慥《类说》所征引。

　　晚唐学者段成式对《山海经》有所留意，所著《酉阳杂俎》卷十四《诺皋记上》说：

　　征祥变化，无日无之，在乎不伤人，不乏主而已。成式因览历代怪书，偶疏所记，题曰《诺皋记》。街谈鄙俚，奥言风波，不足以辩九鼎之象，广七车之对。然游息之暇，足为鼓吹耳。

《诺皋记》起首的 3 条就是引用《山海经》的内容，由此可见《诺皋记》的性质也与《拾遗记》《独异志》等书近似。

唐代学者柳宗元熟读过《山海经》，他对夸父逐日的传说有所伤感，在《行路难》一诗中写道：

> 君不见夸父逐日窥虞渊，跳踉北海超昆仑。
> 披霄决汉出沆漭，瞥裂左右遗星辰。
> 须臾力尽道渴死，狐鼠蜂蚁争噬吞。
> 北方蜂人长九寸，开口抵掌更笑喧。
> 啾啾饮食滴与粒，生死亦足终天年。
> 睢盱大志小成遂，坐使儿女相悲怜。

诗人以夸父自喻，虽有雄心而竟不免渴死，反而不及北方的短人，苟且偷生可以终天年，以此讽刺世俗。可见，对于文学家而言，《山海经》也是启发灵感的源泉。

　　唐代学者对《山海经》的价值比较重视，比如孔颖达在主持编撰《五经正义》时曾根据《山海经》的记载来解释经义，李善《文选注》、司马贞《史记索隐》、张守节《史记正义》等都曾大量引用过《山海经》的记载。

　　唐宋时期的各种类书中，也曾大量征引《山海经》的记载，如唐代的《艺文类聚》《初学记》以及宋代的《太平御览》《事类赋注》等。至于各种韵书，征引《山海经》者也比比皆是，如北宋时期的《广韵》。这些征引的内容弥足珍贵，成为后人校订《山海经》的重要依据。

　　宋代学者李石也著有《续博物志》（与林登所著书名相同）10卷，虽然影响有限，但说明志怪的传统在宋代也有着延续。南宋末，刘辰翁曾批点群书，其中也包括《山海经》，四库馆臣以为"大率破碎纤仄，无裨来学"（《四库全书总目提要》）。

　　南宋学者尤袤有慨于《山海经》编次混乱，耗费30年的精力为之校订刊刻（见前文所述）。当然，也有学者对《山海经》的内容有所不屑，如南宋著名藏书家陈振孙以为司马迁所谓"至《禹本纪》《山海经》所书怪物，余不敢言之也"可谓是"名言"(《直斋书录解题》)。

明代学者对《山海经》的认识也有分歧。胡应麟说："(《穆天子传》) 其叙简而法，其谣雅而风，其事侈而核，视《山海经》之语怪，霄壤也。"(《少室山房笔丛·三坟补逸上》) 又说："《穆天子传》所记山川草木鸟兽皆耳目所有，如《山海经》怪诞之文，百无一二也。"(《少室山房笔丛·三坟补逸下》) 他的态度代表了明代一部分学者对《山海经》的轻视。同时，也有一部分学者仍然给予重视，所以明代出现了两部疏解《山海经》的著作，而且正统年间编纂的《道藏》将《山海经》收录其中，代表着《山海经》正式成为道教的经典。

明代王圻、王思义父子所著《三才图会》，收录了《山海经》中的各种异物与方国。如氐人国，书中介绍说："在建木西，其状人面鱼身，无足，胸已上似人，已下似鱼也。"其根据

氐人国

万历三十五年（1607）
本《三才图会》

贯匈国

（清）汪绂《山海经存》

是《海内南经》所说"氐人国在建木西，其为人人面而鱼身，无足"，所谓"胸已上似人，已下似鱼也"则是出于演绎。又如贯胸国，书中介绍说："在盛海东，胸有窍。尊者去衣，令卑者以竹木贯胸抬之。"其根据是《海外南经》所说"贯匈国在其东，其为人匈有窍"。

又如羽民国，书中介绍说："在海东南崖巇间，有人长颊鸟喙，赤目白首，生毛羽，能飞不能远，似人而卵生。"其根据是《海外南经》所说"羽民国在其东南，其为人长头，身生羽"，以及《博物志》所说"羽民国，民有翼，飞不远"。《三才图会》的一大特色是其插图，各种异物方国均配有版画，将文字形象化，颇为符合俗众的喜好。因此，《山海经》在民间的影响极广。

明清时期的小说中对《山海经》也多有取材，如清代学者李汝珍所著《镜花缘》。《镜花缘》中叙述唐敖、多九公等人在海外游历的故事时,《山海经》中的海外诸国几乎都在其中出现,如轩辕国、长臂国、长股国、翼民国、聂耳国、毛民国、大人国、黑齿国、白民国、歧舌国、巫咸国、小人国、君子国、长人国等。李汝珍笔下的君子国,"耕者让田畔,行者让路","士庶人等,无论富贵贫贱,举止言谈,莫不慕而有礼",这应该就是《山海经·海外东经》所谓君子国"其人好让不争"的演绎。李汝珍甚至借淑士国王之口说:"小弟偶然想起天朝有部书,是夏朝人作的,晋朝人注的,可惜把书名忘了。上面注解曾言'长股人常驼长臂人入海取鱼'。"这明显就是指《山海经》以及郭璞的注。

清代的主流学者对《山海经》的价值给予了普遍的重视,除了前文所述及的诸家注疏以外,其他学者也多有贡献,如马国翰《玉函山房辑佚书续编》辑有《山海经佚文》一卷。又如郝懿行著成《山海经笺疏》后,曾广邀当世学者校勘审定,其名单如下:

阮元、孙星衍、臧庸、姚文田、王引之、吴鼐、鲍桂星、宋湘、陈寿祺、涂以辀、程国仁、张业南、徐名绂、马瑞辰、孔继堎、严可均、阮常生、牟廷相。

君子国

（清）汪绂《山海经存》

聂耳国

（清）吴任臣《山海经广注》

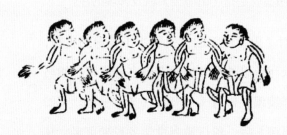

小人国

（清）吴任臣《山海经广注》

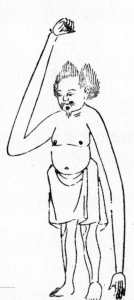

长臂国

（清）吴任臣《山海经广注》

这些学者的审定意见都极具慧识，郝懿行在《山海经笺疏》刊刻时曾加以引述。如《山海经订讹》"句余之山至会稽之山"条引严可均之语曰："经内道里计算不同，有直行者，有旁通者，有曲绕者，故里数参差互异，即如《南次二经》之句余、会稽，中间岂容一千五百里？恐皆从经首之柜山起算也，若推是而言，诸山里数或多有合，但须按全经一一计之。"郝懿行对此评论说："《山海经》古图不可见，世有好古而工画者，本严氏之说，绘诸尺幅，百里之回，一览可尽，诚希古之绝业。"因此，《山海经笺疏》不仅仅是郝懿行个人的研究成果，而且还体现了嘉庆时期学术界对《山海经》的整体研究水准。

及至近代，王国维《殷卜辞中所见殷先公先王考》将《山海经》的材料与新出土的甲骨文相考证，《山海经》的史料价值由此得以凸显。杨宽曾说："《楚辞·天问》与《山海经》《淮南子》等所述昔人视为荒诞不经者，今日始知其为探索古史传说之瑰宝也。"（《中国上古史导论》）《山海经》研究自近代以后逐渐进入一个新阶段。

1920 年初，王国维曾写过一首《冬夜读〈山海经〉感赋》，他说：

> 　　兵祸肇蚩尤，本出庶人雄。肆其贪饕心，造作兵与戎。帝受玄女符，始筑肩髀封。龙驾俄上仙，颛顼方童蒙。康回怒争帝，立号为共工。首触天柱折，乃与西北通。坐令赤县民，当彼不周风。尔臣何人号相繇，蛇身九首食九州。蠚草则死蠚木枯，欧尼万里成泽湖。神禹杀之其血腥，臭不可以生五谷，湮之三仞土三菹。峨峨群帝台，南瞰昆仑虚。伟哉万世功，微禹吾其鱼。黄帝治涿鹿，共工处幽都。古来朔易地，中土同膏腴。如何君与民，仍世恣毒痡？帝降洪水一荡涤，千年刚卤地无肤。唐尧乃嗟咨，南就冀州居。所以禹任土，不及幽并区。吁嗟乎，敦薨之海涸不波，乐池灰比昆池多。高岸为谷谷为阿，将由人事匪有它。断鳌炼石今则那，奈汝共工相繇何！

　　赋中典故大多见于《山海经》，也有少数出自《尚书》和《淮南子》。此赋之主旨应是指切时事，但具体意有何指，似乎难以明确。

3. 海外的影响

古代中国文化曾广泛传播于东亚和东南亚地区,《山海经》也在文化传播过程中产生过一定的作用,其中以在日本的影响最为典型和突出。

古代日本深受中国文化的浸润,中国古代诸多文献都曾流传至日本,并对古代日本的佛学、文学、艺术乃至各种习俗产生影响,这其中就包括《山海经》。

大约在日本奈良时代(710—794),《山海经》就已经传到了日本,奈良初期编纂的《风土记》可以看到其影响。日本学者武藤元信曾指出两者之间有以下三点相似之处:

其一,《山海经》以山经来划分,《风土记》以郡来划分;

其二,《山海经》中的山川原野等按顺序排列;

其三,《山海经》在一经之末会总括土地和里数,《风土记》在一郡之末也总括所记边界和里数。(《〈风土记〉与〈山海

经〉的类似》）

日本学者小岛宪之也直截了当地指出，《风土记》"无疑是《山海经》的投影"（《上代日本文学与中国文学》）。

日本平安时代（794—1185）至镰仓时代（1185—1333），各种文学作品中已随处可见《山海经》的影子，如《伊势物语》《宇津保物语》《今昔物语集》《本朝文粹》《和汉朗咏集》《平家物语》《太平记》《古今著闻集》等。

日本江户时代（1608—1868），各种《山海经》刻本（包括注疏）大量传入日本，有学者找到了四条关于中国商船带去《山海经》的记载：

其一，东山天皇宝永六年（1709），中国商船"佐"字号载《山海经释义》一部运抵日本；

其二，樱町天皇元文四年（1739），中国商船"世"字号载《山海经广注》一部运抵日本；

其三，桃园天皇宝历四年（1754），《舶来书籍大意书》著录《山海经》一部四册；

其四，桃园天皇宝历六年（1756），中国商船"世"字号载《山海经》一部运抵日本。

（严绍璗《日藏汉籍善本书录》）

第三条所谓"一部四册"，估计也是王崇庆的《山海经释义》。由以上记载可知，中国学者疏解《山海经》的著作也逐渐流传到了日本，这无疑有助于日本学者加深对《山海经》的理解。当然，传入日本的《山海经》刻本除了以上数种外，还有汪绂《山海经存》、毕沅《山海经新校正》以及郝懿行《山海经笺疏》。

笔者曾在某个拍卖会预展时看到一部从日本回流的明刻本，极为少见，仔细翻阅后准备参加竞拍，可惜正式开拍时竞价踊跃，竞拍价很快就超出了笔者的心理预期，最终的成交价在当时属于天价，笔者也只能望书兴叹。

日本江户时代出现了模仿《山海经》的著作，如《姬国山海录》，作者南谷先生曾自述著述缘起，他说："本邦近也所见山川之异物亦无数……颇可比《山海经》。出乡里之俗说而近虚

《姬国山海录》内页

宝历十二年（1762），日本东北大学附属图书馆藏

诞者多矣，今省之。撰其正者，戏题之名《姬国山海录》，看者
勿笑之也。"从书名以及写作构思看，都不难发现是在模仿《山
海经》，所以有人称之为日本的"《山海经》"。至于受《山海经》
影响的文学作品则更多，如《日本永代藏》《风流志道轩传》
《孔雀楼笔记》《山中人饶舌》等。日本学者松田稔归纳了日本
文学作品受《山海经》影响的四个特点：第一，关注西王母等
与长生不老、神仙内容相关的人物和动物；第二，对于神仙以

外的神话和传说的相关记载也较为关心；第三，视《山海经》为外国新奇的地理知识和地理书；第四，受《山海经》为记述异形、异物之书这一意识的强烈影响。(《〈山海经〉的基础研究》)

这一时期也开始出现和刻本《山海经》，今存日本各机构的和刻本，基本上都是翻刻蒋应镐的绘图本。受蒋应镐绘图本的影响，日本出现了大量妖怪绘图，中国学者马昌仪认为江户时代的妖怪绘图可能是受到了中国明代胡文焕《山海经图》的影响（《明代中日山海经图比较——对日本〈怪奇鸟兽图卷〉的初步考察》）。日本学者伊藤清司指出："明代以后，有中国学者认识到《山海经》的价值，不仅出现了关于《山海经》的详细注解，而且插图版《山海经》开始出版，《山海经》也开始流行于日本的街头巷尾。江户时代和刻本《山海经》上市，进而有模仿和刻本的'和制山海经'这种面向好奇之人的书籍出现，并附带插图。"（《怪奇鸟兽图卷——来自大陆的异形鬼神们》）

此后，经过明治时代（1868—1912）的进一步传播，不仅《山海经》的影响已经深入日本文化之中，而且日本学者也开始进行《山海经》的研究。早期的研究者中，小川琢治的成就最为突出，他曾自述研究《山海经》的缘起，说："我最初注意到《山海经》，是在日俄战争服军役期间，那时我在奉天的市肆得到毕沅《新校山海经》和郝懿行《笺疏》，并在兵站司令部宿舍的烛光下阅读了这两部书。"(《中国历史地理研究·序说》) 从 1911 年至 1921 年，小川琢治十年间陆续发表了《山海经篇目的考证》《山海经篇目的考证补遗》《山海经的错简》《作为上古地志〈禹贡〉与〈山海经〉的价值》《天地开辟及洪水传说》《昆仑与西王母》等论文，其中若干观点受到毕沅和郝懿行的影响。日本学者内藤湖南曾绘制过一幅《流观山海图》("流观山海图"语出陶渊明《读〈山海经〉其一》)，并赠送给小川琢治，代表了对其成就的认可。

中国古代与欧陆之间通过丝绸之路以及海上贸易，也有着很多文化交流，商人们带到欧洲的不仅仅有丝绸等货物，也有诸多中国古代文献，《山海经》应当也在其中。德国学者鲁道夫·维特科尔在《东方的奇迹——怪物史研究》一书中收录了一幅 1554 年的德国版画，其中有大足人、一眼人、双头人、腹部有脸人、兽头人，很明显，这些是来自东方的形象，日本学者森濑寿三认为上述怪物形象就是《山海经》中的柔利国、一目国、骄虫、刑天以及强良 (《山海经的西渐》)。如果以上分析无误，那么说明最迟在明代，《山海经》就已经传到了欧洲。由于当时并没有汉译本，欧洲版画中的形象应该是受到了明代《山海经》图绘的影响。

　　19世纪晚期，法裔英国学者拉克伯里在《古代中国文明西源论》一书中提出中国上古文明起源于西方的观点，他认为，公元前2282年，两河流域的国王Nakhunte，率领巴克族（Bak tribes）从迦勒底亚出发，历经艰险，最后来到了中国黄河上游。此后，巴克族四处征战，传播文明，奠定了中国历史的基础。他的这一观点介绍到中国后，引起学界的震动，很多中国学者都师从其说，如蒋智由《中国人种考》、刘师培《攘书》、章太炎《序种姓》、丁谦《中国人种从来考》等。需要强调的是，拉克伯里的观点不是出于偏见，而是为了探求人类文明起源及传播的真相。拉克伯里谙熟中国上古历史，对《山海经》也深有研究，如他对《山海经》的构成，也做过一些分析，认为：（一）此书系六种不同之文字顺次附加者；（二）《五藏山经》是比较纯古的经文，为商代山岳之记事；（三）《海外》《海内》二经，系汉刘向就周时纪述怪异地图之原有二书附加而成者；（四）刘歆又将与《海内》《海外》两经性质相同而更荒唐之《大荒经》加入；（五）最后郭璞又将晋代记载河流之《水经》加入（《古代中国文明西源论》）。他的这些观点大多与毕沅相近，说明毕沅的《山海经新校正》至少在 19 世纪后期就已传到欧洲，并为欧洲学者所瞩目。

近现代中外学者一直致力于将《山海经》翻译成各种语言。最早的一部外文译本是法国学者莱昂·戴罗斯尼于 1891 年出版的《山海经：中国古代地理》（*Chan-Hai-King: Antique Geographie Chinoise*），但这是一部节译本，主要翻译了《山海经》中的地理内容。法国学者马修于 1983 年出版的《古代中国神话与民族学研究》（*Etude sur la mythologie et l'ethnologie de la Chine ancienne*）是首个法文全译本。美国学者比埃尔对马修的工作做出了积极的评价，她说："无论是翻译、注释还是索引，马修都完成了一份对汉学和比较神话有着卓越贡献的工作。"（《1970 年以来的中国神话研究》）1977 年，苏联科学院东方研究所研究员杨申娜出版《山海经》俄语译本。1996 年，意大利学者里卡多·弗拉卡索出版意大利语译本。

英语译本最多，但大多是节译本，如史福勒尔《山海经传奇》（*The Legendary Creatures of the Shan Hai Jing*, 1978）、石

听泉《中国动物神话——山海经中的精怪》（*A Chinese Bestiary: Strange Creatures from the Guideways through Mountains and Seas*, 2002）。英语全译本目前有 3 个：一是郑少杰等在台湾出版的《山海经：中国古代的传奇地理与奇迹》（*Shan Hai Ching: Legenraphy and Wonders of Ancient China*, 1985），二是美国学者安妮·比埃尔的《山海经》（*The Classic of Mountains and Seas*, 1999），三是王宏、赵峥合译的《山海经（汉英对照）》（2010）。这 3 个全译本中，安妮·比埃尔的译本获誉最高，她在 40 多页的长篇序言中，分诸多专题详细介绍了《山海经》的内容，如宇宙论、地名、神话风格、神灵的作用与象征意义、祭祀、自然环境等。安妮·比埃尔的翻译有两个主要特色：其一是用意译的方式翻译人名、地名等专名，而非音译；其二是将专名全部对译成英语词汇，而非拉丁词汇。书末附有长达 75 页的注释，可见译者在翻译这部著作时的精审。

近现代以来，欧美学者对《山海经》的研究逐步深入，较为主流的观点大多带有中国文明源起于西方的色彩。如法国学者马伯乐（H. Maspero）在《中国艺术》《汉代以前中国所受西方影响》等书中提出，《山海经》所述地理情况是受到公元前 5

世纪由外来的印度和伊朗文化的刺激而形成。又如英国学者李约瑟在《中国科学技术史》中认为《山海经》中的"怪人"可能"来自希腊"。

近年来，有若干欧美学者提出的观点颇受国内学者的欢迎。如美国学者亨利埃特·默茨认为《山海经·大荒东经》记载的是从北美洲到南美洲的山川地理，她还绘成了地图，出版《几近退色的记录》一书。法国学者维宁认为《山海经》的部分记载是围绕着科罗拉多大峡谷的地区，其中《东山经》的叙述与北美洲、中美洲及墨西哥湾地区有关。(《无名的哥伦布或慧深和尚于五世纪发现美洲之证据》)还有一些美国学者认为，《山海经》某些部分非常精确地描写了美国内华达州黑色石、金块、旧金山湾海豹和会装死的美洲负鼠等，而《海外东经》《大荒东经》中的"光华之谷"就是科罗拉多大峡谷。这些观点虽然让人感到新奇有趣，但似乎都缺乏实际证据，因为他们的论据大多建立在感觉的相似之上。

　　笔者平生买下的第一部书，是袁珂先生的《山海经校注》。当时笔者还在读大一，因为对上古神话以及先秦史感兴趣，所以在书店里看到此书后就毫不犹豫地买了下来，回家后，仔细用挂历纸做了书封。此后时时翻阅，偶有心得，于是开始尝试对《山海经》进行研究，陆陆续续写了不少文字，并最终在大三时发表了第一篇学术论文。虽然大多数文稿最终扔进了废纸篓，不过大学时期的努力，也为笔者日后出版第一部学术专著《〈山海经〉考》打下了基础。此后笔者标点出版郝懿行《山海经笺疏》，同样得益于此。因为《山海经校注》的使用率极高，当年的书封早已破败不堪，可以说，笔者用功最多的一部古籍就是《山海经》。

　　在此略谈研究《山海经》所应注意的问题。

　　有学者说："很古时代的传说总有它历史方面的质素、核心，并不是向壁虚造的。"（徐旭生《中国古史的传说时代》）但问题在于，传说究竟是怎么样反映历史的呢？这是一个非常复杂的问题，也是需要历史学家着力加以研究解决的。如果只是简单地把神话传说直接转为历史事实，决非为学之道。

从 20 世纪 90 年代开始，《山海经》研究逐渐出现热潮，但在这股研究热潮中，暴露出来的问题也不少，最为突出的就是盲目地将《山海经》的地理范围，从中国、亚洲，扩展到了全世界，这种错误倾向始自晚清。

清人吴承志曾认为《山海经》的地域范围超越了现今国界，到达了朝鲜、日本、俄罗斯、阿富汗等邻国。法国学者维宁则更进一步认为到达了北美洲、中美洲。蒙文通曾认为：

> 它（《山海经》）所记载的地域，在西方和南方都远远超出了祖国今天的版图。毫无疑问，这是一部研究我国以及中亚、东亚各族人民上古时代生活斗争和民族关系的重要作品。（《研究〈山海经〉的一些问题》）

20 世纪 70 年代，台湾学者凌纯声认为：

> 《山海经》乃是以中国为中心，东及西太平洋，南至南海
> 诸岛，西抵西南亚洲，北到西伯利亚的一本"古亚洲地志"。
> 记述古亚洲的地理、博物、民族、宗教许多丰富宝贵的资料。
> (《中国边疆民族与环太平洋文化·昆仑丘与西王母》)

这种倾向愈演愈烈，比如有人认为《东山经》所载为美国西部地区，有人认为"西海"指大西洋，此类观点显然毫不顾及古人的技术能力以及地理认知上的局限。有人曾经认为古人或许是在船只失事的情况下偶然被洋流带到美洲的，且不论食物、饮水、败血症等问题如何能够解决，最关键的问题是，即便古人能够侥幸漂流到美洲，那么他们又是如何回到本土的呢？难道也是顺着洋流漂流回来的？如果靠着洋流就可以往返太平洋，那么远洋航海就成为漂流运动了。

有人说《山经》记载的是云南的地理，有人说是山东，甚至有人说是两河流域。总之，为学轻浮者往往各取所需，把学术当成了可以任意摆布的玩意。

创世神话有衍生之次第，因此有其渐次演进的规律和特点。20 世纪 20 年代，顾颉刚提出"层累说"，揭示了神话产生

以及流传的规律。遗憾的是，自 20 世纪 50 年代开始，"层累说"遭到批判，有学者甚至宣称"走出疑古时代"。长期以来，学者们在神话研究领域缺乏理论研究。如吕思勉在解释鲧、禹治水的神话时说："以息壤湮洪水者，谓以土填平低洼之区也……神话中仍有人事，犹之寓言中之名物，非可伪造也。"（《吕思勉读史札记》）如此简单地解读神话，无疑是将神话当作了历史。现代学者为这种解读找到了一个理论，即神话是折射历史的。神话固然可以折射历史，问题是折射并非直射。以大禹治水的神话为例，根据顾颉刚的研究，在初始的鲧、禹治水神话中，其实都是采用堵的方法，直至战国时代水利技术出现疏导的方式以后，才衍生出大禹疏水的内容。顾颉刚的研究堪称神话研究的范本。

神话并非信史，学者们唯有综合不同的历史背景，详加考证，依靠绵密的逻辑推理，才能揭示出神话的真正含义。

前几年，笔者参与中华创世神话学术研究工程，在出版研究成果《中华创世神话文献摘编》的过程中，与董洪波编辑结识，并有过几次详谈。董编辑了解到笔者对《山海经》研究有所积累，所以在中华书局推出由陈引驰教授主编的"中华经典通识”系列时向笔者约稿。辱承邀约，笔者也非常希望能与读者分享研究心得，故欣然从命。只是文稿撰写时辍时续，延宕时日，颇感歉意。所幸董编辑宽容以待，内心始得稍安。本书成稿后，在中华书局编审贾雪飞女史的建议下，结构有所优化，谨致谢忱。

在此也对台湾学者陈又新先生和胡进彬先生表示感谢。十多年前，笔者在他们的帮助下，得以确认曹善抄本收藏于台北"故宫博物院"，胡先生还特地赐函，详细介绍抄本的相关情况。谨此识之。

沈海波

2023 年 11 月 25 日